U0080870

黑馬飆股
煉金密碼

10倍速晉升股市大贏家技術寶典

新修
旗艦版

Stock Market
Strategy

理財實戰名師 **黃賢明** 著

飆股聖杯與盛宴

飆股——它是全球投資人渴望暴富的聖杯！

飆股——它是技術分析終極精髓之代表！

瞬間爆發！飆漲！再狂飆！震撼著全市場！

看似容易買到，卻如幻影般來無影去無蹤！

有幸買到，卻膽識小與不識貨，懊悔被洗掉！

其實飆股複雜之密碼，關鍵在「臨界點」！

101年9月台股再爆發資產、生技狂飆潮！

繼南染、黑松、基亞、云辰……狂飆後還有……

飆股盛宴，近年來狂飆部分系列——

玉晶光7倍、上銀10倍、安可2.2倍、昇陽科1.4倍、恩得利3.9倍、國眾24支⊕、美格16支⊕、富強鑫16支⊕、昱泉24支⊕、大學光10支⊕、英格爾9.7倍、互億16支⊕、立敦2.6倍……**未來飆股盛宴，本書正邀您入席！**

全國5大精彩首見‧ 引領晉升飆股大贏家

1 淬煉19年技術鑽研功底，傳授獨家飆股祕技

作者黃賢明老師在歷經股海征戰與淬煉鑽研近千檔飆股之精髓，濃縮化簡全方位飆股祕技獨家公開在本書，易懂易學，精彩首見！

2 全書實戰贏家精解，無天馬行空紙上談兵之論

全球金融投資技術分析理論之專業書，大多是千篇一律，空談虛幻之技術理論與無解之天書。本書獨創全新實戰解析風範，**贏家關鍵啟示**，字句皆令人心動與受益，精彩首見！

3 獨家揭破國際權威技術理論之無數盲點與精解

傲霸全球權威技術指標之 KD、MACD、DMI、波浪理

論……是全球投資人必拜學的金融投資技術經典。**本書破天荒揭破許多重要關鍵盲點與陷阱，並獨創終極聖杯，精彩首見！**

④ 全方位贏家理財投資操作經典傳授

本書從如何自我投資定位與策略、基本分析祕訣與實戰、盤前盤中之應變、資金控管、輸家原因與解決方法、台指期及融券放空的操作技巧、指標的精解與提示、技術分析評量，及**最精髓的飆股全套大餐**，字句皆經典，真心傳授，精彩首見！

⑤ 最精髓最完整的飆股實戰解析與程式複製飆股祕技

從飆漲定律、飆漲密碼、飆股時機，到飆股炒作的八大題材應用與陷阱、**飆股三大型態**，如何以程式複製飆股之精髓，再分享台股未來將有機會登場之飆股盛宴——5大飆漲題材之巨星！每則精例與鑽研闡述皆隱含著點石成金之功底，精彩首見！

震撼全國大預言，贏家功力精彩見證──

$1（預言）**電子股暴跌**（詳見圖41、42之198頁）

$2（預言）**大盤將飆漲**（詳見圖5、6之34、35頁）

$3（預言）**美股將暴跌**（詳見圖7、8之37、38頁）

$4（預言）**國揚將崩跌**（詳見圖46、47之204頁）

$5（預言）**農林將飆漲**（詳見圖14、15之74頁）

美國華爾街競賽九連勝冠軍王──**舒華茲**

反敗為勝受訪時之名言予投資人共勉～

「如果有人對我說，他從未見過發財的技術分析師，我會嗤之以鼻，因為我幹了9年的基本面分析師，結果卻是靠技術分析致富！」

使我反敗為勝的**TOP**老師

在此之前我是個每天追高殺低的股市輸家,但現在我已是個快樂的股市專業投資人。對於股市的技術分析有著高度的學習心,看過近百本的股市書籍,也上過許多的技術分析課程。

有一次我到高雄的技術分析講座上課,問了旁座的學員說,有沒有他認為真正功力很好的老師,他居然說「有」。**他說他在台北上過黃賢明老師的課很不錯,還特別叮嚀我一定要先看過他的書**(指《理財投資煉金密碼》),上起課來會比較能完全了解與吸收。

我看完黃老師的書與上完課,改變了我的一生。以前我在技術分析的理論中有無數的盲點與困惑,問了所有的專家都無解,黃老師居然都能一一詳解。技術指標、波段轉折與週期循環,熟到隨筆可畫出。對於股市的多空操盤應變,有著豐富的實戰經驗。

簡單的說,所有專家都無解的:1.「為何 KD 會在高

檔或低檔鈍化？」；2.「KD 鈍化後可由哪個指標導引操作？」；3.「為何 KD 在高擋背離，股價不跌卻仍大漲？」；4.「飆漲或暴跌的趨勢是看哪個指標？」；5.「 KD、MACD 與 DMI 指標要如何相互運用？」……，在黃老師身上卻能得到非常滿意與精確的答案！

本書的各篇章節，句句都是股市精研與實戰的結晶，書中只是精髓的一部分。如果讀者有機會親上黃老師的技術課程，將會證實我上述之所言絕非虛假。總之，投資人如果想成為真正的股市贏家，務必將本書熟讀且通。成功全靠自己的努力與智慧，也希望大家都能早日像我一樣成為快樂的投資人！

讀者 李宗興

我一生中的貴人──黃老師

三年前剛進入股市，我就想立志做個女富豪，卻不幸碰上96年與97年的股市兩次大暴跌！在萬念俱灰下，偶然看了一本黃賢明老師的書，頓時使我從絕望中驚醒與振作！

我看過許多的股市理財技術書籍，內容與實戰的結果相差甚大；也上過幾次技術分析課，照那些老師的方法去做，無奈都是失敗與賠錢！直到我上了黃老師的課之後，我認為黃老師是我一生中最重要的貴人。**他徹底分析了我為什麼會賠，也告訴我要反敗為勝的條件與做法，我知道我一定要改變我的操作習性。**

在黃老師的指導下，我已脫胎換骨成了另一個投資人。以前習慣追高殺低，現已成為波段操作，而且是在起漲時才買；**也會做停損與停利，更高興的是我還很會選「黑馬飆股」，也很會放空。**我認為黃老師確實是個很會教學生的老師，他懂很多教學的技術。例如最難懂的 DMI 趨向指標，他教半個小時我就很懂了，可是這卻是他十多年

研究的心血結晶。總之，我說得再好，都不如讀者看完本書或上完課。

　　黃老師對技術指標研究甚深，對黑馬飆股又是非常熟悉。**他最近研發了一個超大的技術工程就是「程式選股操作系統」，以黑馬飆股的起漲公式輸入，同時還有「贏家多空線」與「贏家主力線」輔助，操作非常簡便，精準度相當高**，這是黃老師18年功力的技術結晶，我有幸也分享老師的成果。本書在後段有詳細說明，確實是投資人操作上的好幫手。

　　這本書從頭到尾不談天馬行空的技術理論，**全部以實戰贏家經驗解析，句句都是寶貴經驗**，非常值得讀者深讀與典藏！

學員 林麗玎

精通投資技術，點石成金升鉅富

　　本書為兩年前出版暢銷之《黑馬飆股煉金密碼》的新修訂版，新增更多更寶貴的飆股祕技與濃縮最新研判資訊，共達三萬餘字！修定再版之緣由乃是：原書在國內外頗受投資人好評，尤其是大陸地區與世界華人地區的有緣投資人，能一睹台灣投資市場難得之技術經典著作；同時，因近2年國際金融市場與台股市場發生鉅變（如歐債、QE3、台股證所稅……）及台股新飆股群的興起……。本書（新修旗艦版）保留原書之寶貴精華，再注入全國獨家經典之技術鑽研祕技與時局、金融之研判，以饗廣大的熱烈讀者！

　　我在股海征戰近20年中，歷經台股（78年代）瘋狂期的熱門營業員、期貨主管、知名投顧（萬寶、同慶）老師（形象佳），及至今的專業投資人（**兼股市技術研習傳授，學員有遠從大陸的台商及新加坡、雪梨的華人**）。

　　在這凶險詭譎的股海金銀島，我看遍了這個投資市場殘酷殺戮情境與淘金契機！也體會「空頭的暴跌」才有加

倍的暴利！更領悟了——**唯有高深的投資專業技術，才能在這股海趨吉避凶、點石成金而富貴一生！**

我曾花近十多年的心血鑽研股價的波段與指標，共拆解、分析、組合、驗證……一萬多個大小波段與轉折，收穫非常之可觀；同時我在「飆股」的研究與實戰經驗更是累積了無數的寶貴心得，**本書將分享我難得的鑽研結晶。**

我對股市非常的狂熱，尤其對技術分析與操盤的苦研與毅力，更是超乎想像。**我深知投資人在「技術分析」與「飆股」的求知、求得之熱烈渴望**；然而坊間充斥著千篇一律、花拳繡腿的技術理論，但好的啟智理財書籍也不少。**我願真心提供有心想學好技術功力的投資人一個贏家技術分析管道與方向。**

本書多以實戰贏家精例解說，**絕無天馬行空之論，並特重「飆股」的祕技**；同時分享我自己專用的好幫手（程式選股）實例解析。**這本書我深信是投資人在股市中多空操作的致富寶典**，詳讀即能深刻體會此衷言！

黃賢明

第十一篇 台股最具飆股題材之潛力明星

第一篇

飆漲之道

Stock Market
Strategy

全球金融商品
不變的飆漲定律

一、由天地循環，朝代更替，看全球股市循環

　　地球億萬年來，春夏秋冬，寒熱相循，洪水乾旱兩極交雜。再看古今世界朝代，王朝帝業一個個興衰更替；同理再看全球各國的經濟與股市、期貨商品，也是如此不斷地由高峰至谷底相互的循環，**這一切都是大自然界不滅的定律──「物極必反」、「陰陽調和」。**

二、身為投資人應知「漲跌之道」

　　深悉「漲跌之道」的是全球也是史上的最佳代表人，即是美國的華倫 ‧ 巴菲特，他年輕時即熱衷投資與研究，而成為全球第一首富（擁有520億美金財富），也是全球投資人最崇拜的股神。**反觀，全球卻有90％以上的投資人，因不懂股市的漲跌之道而淪為不幸的輸家。**

全球各地的股市，數十年來都是不斷地暴漲暴跌，間雜著中小漲跌波。**每個波峰、波谷的轉折點，都是風暴或暴富的契機**，贏家是在波峰高點獲利了結，甚至反手放空；到波谷底部，又進場買進。而輸家卻是在波峰高點不知出場，甚至才進場，到了暴跌才慘賠出場；真正股價到了谷底，卻又不敢進場。或很想進場，但已賠光。

三、全球股市、期市、匯市為何會暴漲、暴跌

股市漲跌的主因，除了突發性的大利多、大利空因素外，**最大的主因與關鍵就是：「供需不平衡時即會有波動，即供不應求時一路漲，供過於求時一路跌」**。

若以科學的邏輯精細分析下，可以分為三大因素，一是「政策消息面」，二是「基本面」，三是「技術面」（本書後文會有詳盡分析），每個因素都非常重要，只不過最難懂的是「技術面」，但真正的贏家都知道：**技術面才是真正快速投資致富甚至暴富的關鍵**。

四、投資人如何順應金融多空市場而致富

由上述已知全球金融市場，絕對是永遠不斷的大漲、

大跌、飆漲、崩跌……循環不斷。即使你遠離投資市場，也仍會受到金融市場多、空的影響甚至嚴重波及！

為什麼？例如你是以貿易出口為主的廠商或貿易商，雖然你沒有投資股票、期貨與外匯，但如果台幣兌美元強升或暴升時，你的生意或事業就會受到嚴重的傷害。又例如更殘酷的事實，**許多國家在政治或社會動亂中，該國幣值即不斷暴貶（例如前蘇聯時代的解體……）**，辛苦的積蓄或退休金一夕大幅縮水，例子一長串！再說，國際金價的暴跌又暴漲，國際小麥、玉米暴漲……你不受影響嗎？

因此如何掌握甚至預先研判景氣的多空循環，及房地產、外匯、期貨、股市的漲跌勢動向，同時順勢多空而投資操作，才能在現代的潮流下趨吉避凶，成為時代的贏家。

正確而理想的投資理財技巧與經典的技術分析、操盤祕技，是本書所闡述的主軸。絕大多數投資人的「實務操作」都是錯誤的、賠損的，這是投資市場「飛蛾撲火」的定律與投資人的宿命，**贏家永遠是少數與孤獨的！**

第 **2** 章
全球股匯
期市飆漲之模式

一、全球最火紅的股市——印尼股市飆 3 倍

繼台股在78年飆漲12倍震驚全球，及大陸股市在2007年飆漲4.4倍後；10年河東，10年河西，在2008年國際金融海嘯大利空後，印尼股市即一路飆升（漲幅已達近3倍！）〔如圖1所示〕

印尼股市飆漲3倍的最大利基是，在近年東協10加1的經貿大利多下，印尼擁有東南亞國家中最多的人口，最大的土地，安定繁榮的國家發展。因而印尼股市在2008年11月的1200點附近落底止跌（最低點為1089點），在技術面正是15年平均線重要而強力的支撐，**到了2009年（民國98年）3月「趨勢正式反轉向上」〔如圖1之 A 所示〕，**從此一路上漲未破多頭上升趨勢（長線）。加上自今年（101年）9月中日釣魚島引發的中日嚴重軍事緊張關係後，中國

大舉排日，日本將退出這經營三十多年的中國黃金市場，近千億美元的資金將轉入東協國家投資，更有助於東協未來的經濟大繁榮！

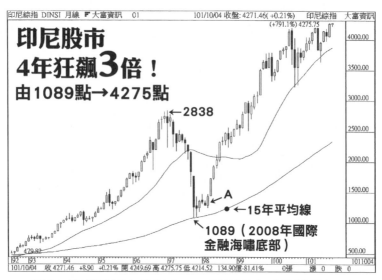

圖1　全球最紅火的股市──印尼股市（月線圖）。

◎印尼股市4年飆漲3倍之啟示

1. 國際金融市場（包含股市、期貨商品、外匯……）的飆漲，永遠是朝向「技術面與基本面最有利」的地方或標的，切記，是不論多與空。例如國際金融巨鱷索羅斯當年狙擊（大舉放空）英鎊、里拉，又閃擊東南亞泰銖……造成恐怖的金融暴跌；當然更

包含飆漲的金融商品，如原油、黃金、小麥……衝擊全球！

因此投資人一定要研判國際的「資金潮流」與「台股的資金流向何類股族群」，例如101年9月（截稿前）因台幣升值及美國QE3效應，台股資金流向「資產股」的飆漲！

2. **「技術分析」是最快速研判金融商品或股市漲跌的最佳專業方法。**

例如當印尼股市跌至2008年11月，在180日平均線（月K線）上出現「止跌K線組」訊號，當2009年（98年）3月技術指標反轉向上，**同時趨勢反轉向上即一路漲升3倍！**

3. 如果你錯失了以往的金融市場或股市之多空大行情，**或101年9月的「資產股、生技股」狂飆潮！**只要你趕快研究或學習，自然就可享受未來不斷的致富契機。

二、7年飆升1倍的強勢貨幣——澳幣

近年來全球最強勢的貨幣首推——澳幣,其漲勢在3年間一路由0.6004(兌美元)飆升到1.108(100年7月)其間3年一路直飆〔圖2之B所示〕,漲幅高達85%!

從澳幣(兌美元)的月線圖來分析,2008年的空頭跌勢,跌幅達39%!當線型在2009年(民國98年)3月呈小W底〔如圖2之A所示〕,但長線(月線)的跌勢已結束,且長線趨勢指標已正式在大底部背離反轉向上,指標提示為:「長線大行情啟動!」果然,在不到三年即暴漲近1倍

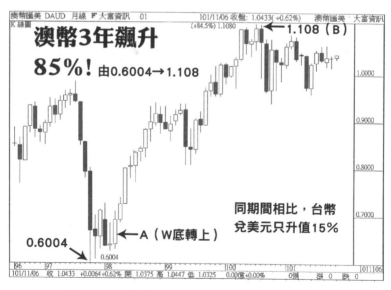

圖2　3年飆升85%的強勢貨幣——澳幣。

到 1.108〔**如圖 2 之 B 所示**〕！這就是技術分析的「密碼」（指標的參數與判讀）。

當然要研判一個股市（或期貨商品、外匯）的飆漲與暴跌，不能只單純靠「技術分析」，還必須從「基本面」來研判，這樣才是最正確的分析研判。

如何從基本面來研判，澳幣在暴跌的谷底區將會有一大波長線大行情？原因有：

1. 國際景氣及金融的迅速復甦，與中國的國內建設有大量需求。

2. 當時的國際原物料如鋼、鐵、銅、黃金、石油……之價格，皆在崩跌或暴跌的谷底區。

3. 澳洲是原物料的生產大國，每逢國際原物料暴漲，澳幣皆會明顯升值。

因此澳幣兌美元匯率在 98 年（2009 年）3 月由最低點 0.6283，一路飆升到 100 年 7 月的最高點 1.108，**漲幅高達 76％！**

而技術面之關鍵，因為澳幣在 98 年 4 月正式站上 10 年均線與 15 年均線的強力長期趨勢之上，這是趨勢反轉向上

的第一關，且重要技術指標如 KD 等也反轉向上，**而最關鍵的是「反轉臨界值已安全到 85 之上」**，因此長線多頭上升趨勢可以維持著。

依目前國際金融局勢，2012 年 9 月歐洲央行宣佈將無限制購買歐元區二級國債市場債券，即意謂引爆國際金融危機的歐債暫時拆除引信，形同國際金融的利多；**接著美國聯準會主席又在 9 月 14 日宣佈 QE3（美元量化寬鬆政策）**，當天全球股市皆以大漲回應！**但這些大利多政策並不代表未來幾年全球經濟會轉向繁榮。**

由上述知歐元及美元開始進入「印鈔票還債及貶值」的時代，相對的澳幣當然將會由現在的 1.0416 左右穩定升值，投資人不宜在短期間內看空澳幣或放空澳幣。

◎澳幣實務投資之啟示

1. 如果你懂專業的技術分析，你就可以把握到澳幣的大幅升值獲利。

2. 如果你已錯失這個機會，那就應加緊研習技術分析，以備未來又接二連三的強勢貨幣飆漲機會。

3. 如果你懂技術分析，就不會買到長線跌勢中的貨幣而

慘賠，如美元2008年的暴跌（跌幅高達42％）！

三、10年飆升6.4倍的熱門商品——黃金

黃金自古以來就是尊貴的象徵與貴重的商品，更是通用的「貨幣」。19世紀以來就一直是世界上重要商業投資或投機的標的，例如黃金現貨、期貨、選擇權、基金……。

國際黃金經過崩跌打底的谷底期，**直到2001年（民國90年）才開始翻升狂飆〔如圖3所示〕！即由4月的最低價255.85美元/一盎司（倫敦黃金現貨），一直飆到2011年（民國100年）9月的最高價1898美元！漲幅高達6.4倍！如果是以期貨的10倍槓桿投資飆幅則是64倍！**

投資人一定非常急盼欲知黃金為何會如此狂飆？還會再飆嗎？下一個金融飆品是哪一個？……。**其實所有的金融商品含股票之飆漲與暴跌，都是「有跡可尋」、「有法可複製」**，只要投資人具備高功力的技術專業，都會有機會把握這種金融投資的暴利契機！

首先由投資的大戰略研判，當你知道美元與黃金是反向的走勢時，即應知道在2001年（民國90年）7月美元創15年新高後，**技術面已呈現「反轉型態」，即表示美元將大**

跌，而黃金將起漲！

從技術分析的指標上，是否可以掌握黃金的大底部與反轉上升趨勢？當然可以！2002年（民國91年）2月即是指標明顯由底部轉上升的訊號，收在296.8元；**再確認的訊號則是要看「反轉臨界值」，若大於85則是安全的反轉上升訊號！**切記，所有金融商品與股市，皆是「供需平衡原理」及「物理原理」加「心理現象」而成。

依目前（101年9月）之黃金（在1780美元左右）走勢研判，黃金仍有相當大的上升空間。切記，勿在多頭趨勢

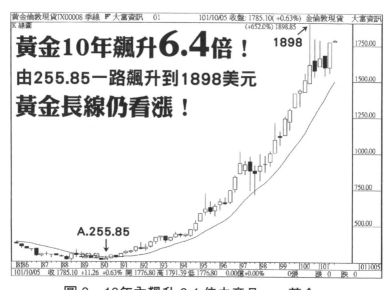

圖3　10年內飆升6.4倍之商品——黃金。

中放空。**然而黃金終有漲勢結束做頭反轉的那一天,而那一天通常也是美元在數年後大跌的底部起漲區**,也是另一個景氣循環的開始,屆時又是一個暴利操作的大契機!

◎這波黃金飆升6.4倍之實務啟示

1. 任何現貨或期貨商品,其波段趨勢的漲跌與轉折,絕對有跡可尋,最主要的關鍵點仍是技術面。

2. **如果投資人精悉技術分析,則所有的金融投資都可以操作,即使暴跌也可放空暴賺。但萬一不精悉技術分析,將會大賠甚至賠光!**

3. 黃金現在(101年9月)處於1780美元左右,在美國的QE3政策(其意涵等於美元未來仍持續趨貶之國家經濟戰略,因為美國目前的國債已高達到天文數字的16兆美元!正面臨著「財政懸崖」!)下,因此黃金大長線趨勢仍將有可觀的上升空間。

第 **3** 章
台股歷年
飆漲與崩跌之模式

一、峰谷連綿的台股 26 年

台股在民國76年初因台幣開始明顯升值（之後大幅升值），因國際熱錢及大量游資湧入（股市與房地產）造成國內房地產價格狂漲與股市狂飆！

台股由76年初的1063點一路向上狂飆！〔**如圖4所示**〕，期間歷經美股風暴波及〔**如圖4之 A 所示**〕與證所稅大利空〔**如圖4之 B 所示**〕，指數折半後再飆，直到79年3月的史上天價12682點〔**如圖4之 C 所示**〕，**總計3年3個月飆升高達11倍！創世界股市奇蹟！**

然而，好景不常，在全民瘋狂之際，**台股瞬間崩盤，9個月崩跌80%！**下跌到2485點〔**如圖4之 D 所示**〕。

85年2、3月在總統大選期間，因中共飛彈試射與軍

演的武嚇下，台股在大利空下形成堅實的底部4700點區間
〔如圖4之E所示〕，而後利空出盡，台股再度狂奔萬點到
10256點〔如圖4之F所示〕。

在86年8月的台股高峰中，因東南亞金融風暴而暴跌
到5422點〔如圖4之G所示〕，指數再折半。

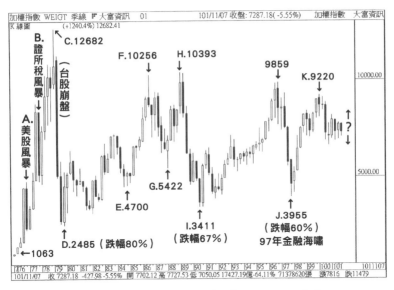

圖4 峰谷連綿的台股26年（76～101年）。

89年3月總統大選前，台股再因護盤飆到萬點到10393
點〔如圖4之H所示〕，選後政權變天加上美股泡沫化，指
數狂洩至3411點〔如圖4之I所示〕！跌幅達67％！ 97年

再因國際金融海嘯暴跌到3955點〔**如圖4之J所示**〕！跌幅高達60％！再由全球政策護盤漲升到9220點〔**如圖4之K所示**〕！現（101年9月）又將進入轉折！

二、台股烽火26年的專業心得

從台股近26年來的指數歷史循環中，可以分為三個層面分析：

1. 股市是一個絕對高風險，但也是一個高獲利且快速的投資。賠損者遠多於獲利者，贏家皆是專業者或大戶，不具專業功力之投資人必是輸家。

2. 股市的飆漲與崩跌，必有其原因且有跡可尋：

   （1）**76年初台股開始飆升的11倍大行情，主因是台幣升值，熱錢湧入（大陸股市之前也正是如此）。**

   （2）79年史上最高點12682的開始崩跌，主因是「技術面」的崩盤，加上政治上的「主流與非主流的鬥爭」。

   （3）85年2、3月的底部4700點〔**如圖4之E所示**〕反轉向上，則是因「技術面」與「政府護盤」。**當時我在晚報上發表專題：「危機趨緩，4700應是中**

長期底部區」〔如圖5所示〕。果然，一路大漲到10256點〔如圖6所示〕。

（4）86年8月的萬點頭部暴跌至5422點，主因也是「技術面」而跌，背景是東南亞金融風暴。技術指標非常明顯的出現頭部反轉下跌訊號，同時法人大戶明顯在7、8月大舉出貨先逃。

（5）89年3月的崩跌與93年3月的大跌，主因是總統大選後的利空解讀，及長線指標反轉向下之結果。

（6）97年下半年暴跌，主因是由美國引起之國際金融海嘯。

3. 股市永遠不斷的暴漲暴跌，歸納主因有3個：

（1）政策消息面。

（2）基本面。

（3）技術面。

如何研判這3種因素與應對，都需要深厚的專業功力。

股市分析

危機趨緩 4700 應是中長期底部區

目前股價走勢可用「戰戰兢兢，得寸進尺，環境明朗，一舉衝天」形容

世界各國的股市、金融對「戰爭危機」都有特別敏感的特性，尤其台灣與中共的「和」與「戰」敏感更深。自三月五日中共宣佈對台發動飛彈演習以來，國人一般認定中共不可能其打，只是恐嚇發動的軍力嚇阻，也是警告我們的心理神經戰。不過我國軍方的高度戒備與美國強勢的軍力嚇阻，也是警告中共一反右之前的蠢張氣焰，很可能最後中共將回檔，反而不但守穩四七○○點，更衝上四九○○點。

上週的股市在前述大利空的環境下，幾乎向「崩盤」的四五○○點最後關卡接近。幸賴政府幾天內動用五○○億的資金護盤，政府先拉金融股穩住四七○○關卡與人心，再用投機的小型股帶動人氣衝過四九○○強大壓力線。如果中共演習的情況慢慢不了了之，則國內股市會不斷趨升；如果突然有和解訊息，則股市會有更大的強升趨勢；又萬一真的擦槍走火，則股市必破四○○○點，三種情況都隨時可能發生，但意外軍事衝突的可能性是較小的。

目前股價的走勢可以用：「戰戰兢兢，得寸進尺，環境明朗，一舉衝天！」這十六字來詮釋。從技術面來看，大盤的KD線四次跌到四七○○點都得到有效的支撐。代表中線走勢的MACD已漸漸將空頭的壓力趨緩。代表進出的KD指標正直奔八○前峰壓，只要近日D、M兩線攻上O軸，預料將回檔，而代表股價波段趨勢的DMI，正處於空頭即將結束的趨勢，但多頭的＋DI仍將回檔，也就是說多頭還沒完全的站在有效攻擊的上升趨勢。綜上所述，在總統選舉前大盤若是回檔後在四八○○與四九○○之間整理，四七○○點應是中長期的底部區。

短、中線的持股看法，只要中共沒正式與台灣和解，同時演習部隊未歸原單位，則切忌加碼投資。以目前而言，短、中線的持股資金留下兩顆續命仙丹才是股市常年贏家的操作致勝策略。

（萬寶投顧 黃賢明）

（民國85年2月27日自立晚報）

圖5　民國85.2.27晚報當時之精準研判證據。

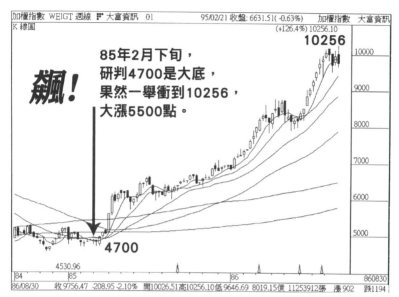

圖6 精湛的技術分析可以掌握大底部。（與圖5對照）

三、能掌握台股「漲跌之源」才是致勝關鍵

1. 台股與美股具高連動性

台股與美股的漲跌及趨勢之連動性非常高，當然亞洲各國尤其日、韓更是，歐洲亦同。唯有中國大陸股市不受美股影響。 以往我在投資操作只知美股會影響台股，但並沒有深入分析美股究竟是如何影響？各波段座標與轉折又會影響多大比例？但之後經過長期研究分析，**總結一個心**

得：「要研判台股，一定要先『預知』美股走勢，當然更要知道『當前』的多空走勢」。100年7月下旬美股的再暴跌，再次帶動台股的暴跌二千點！

2. 實戰解析如何預判美股走勢

台股在96年7月由9807點大跌1800點（破了8000點支撐），股民甚至法人大多慘賠！其「源頭」是因美股「次級房貸風暴」而大跌。

現既知美股是全球（不含中國大陸）股災的震央，那麼是不是早該追蹤研判美股「未來的波段趨勢」？因為「事後分析」誰都會，反正看答案編故事（市場專家名嘴的專長），**但若要事前「預知」且「預知轉折與高低點」，那就非超級高手莫屬了。**

實戰精例

　　我在96年6月15日的技術教學中提示美股中線
（週線）的「未來走勢、轉折與高低點」，我沒有
花拳繡腿的理論，只寫了一個標題：「美股：中線
已在第3波之高點峰區！」〔如圖7所示〕（註：我
的「第3波上升」等於波浪理論的「第5波」）。在
「轉折」的預測，我用粗虛線畫了先小拉回再反彈
比左M頭高，然後再反轉急跌！

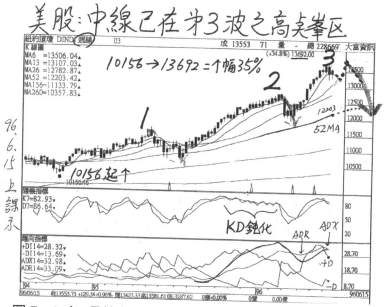

圖7　96年6月精準預測美股中長線高點峰區之原稿證據。

結果，答案完完全全如我的預測〔如圖8所示〕：

1. 先小幅拉回。

2. 再反彈比左M頭高。

3. 然後大急跌至6470點！跌幅高達54％。〔如圖8所示〕。

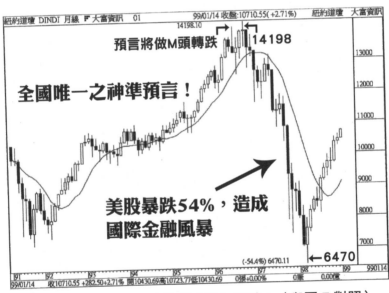

圖8　美股果然如預言做頭（峰）暴跌！（與圖7對照）

經驗啟示

一個中線大多頭趨勢在結束前,趨勢指標一定會先轉弱,當反轉(向下)能量在80左右,則會破頸線到52週支撐附近(止跌)。其實早在美國次級房貸風暴在7月26日爆發前,技術指標早已「預告」,這是事實,絕非神話,高功力者必能認同與體會。

第 **4** 章
台股101年3月暴跌
之特例與啟示

一、大利空政策下之暴跌模式

100年12月中旬，台股在總統大選前看空的氣氛下暴跌2600點左右來到6609點！選前的硬拉止跌及選後的政策看好後，台股又攻上8170點，**此刻（101年3月初）卻突然做頭反轉暴跌約1300點〔如圖9所示〕！**

台股做頭反轉暴跌之機率，有很大的比率是因政策或外在利空而造成，因此在技術面的反應會有落差，此時主導做頭的引爆點（或稱波段的最高點區），往往就是反轉的開始。

台股在101年2月份急漲的多頭上升中，**3月初即見股民最害怕的「證所稅利空」**，在政府官員的放話探溫與股民的大力反彈下，大盤上攻8200點頓時漲力受挫，在3月29時一根大跌長黑K跌破重要均線群（收7872點），即一路

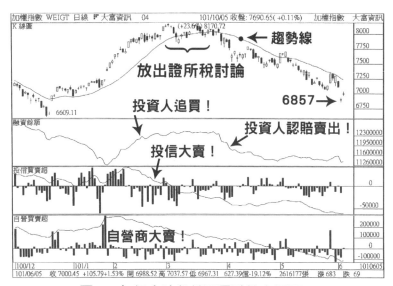

圖9 每個大波段做頭暴跌皆有原因。

急跌到6857點！波段在3個月暴跌1300點！

在這次2月的多頭上升波（標準應是稱：中線跌勢的短線大反漲波，因為年線仍在下跌當中）。我們可以悄悄發現：

1. 似乎是有幕後法人在藉此選後利多強拉升，以備有個「證所稅討論」的股市看漲背景。

2. 可是從「融資餘額」、「投信買賣超」、「自營商買賣超」中〔如圖9所示〕，可以發現：代表散戶投資人的「融

資餘額」明顯的上升，表示投資人在追買，**而投信與自營商皆在大盤的急拉中（誰在拉抬？）順勢即一路大賣超（出貨）。**他們還真是「聰明」呀！竟能「感應」將有「大利空」？果然大盤出現「證所稅事件」，大盤因此暴跌了1300點！

二、101年3月台股暴跌的啟示

1. **一定要隨時注意研判各法人的「買賣超進出動向」，**否則某法人大戶在上漲中偷跑你不知道，就非常容易套在高檔而賠錢！方法是由軟體資訊中研判。

2. **這種千點級的暴跌或大跌，每年都會有幾次，**投資人根本無法逃避；同理可知，每年也會有幾波的千點多頭波段。**因此唯有專業的技術功力才能在股市多空波段中生存。**

3. **台股在2014年又將面臨國內多項重要選舉，**局勢的發展當然會深深影響台股的走勢；同時更重要的是，中國大陸對兩岸的發展，可能會有更積極的策略與可能的發展；**以及國際未來重大的質變，投資人宜關注。**

第 5 章
陸股及人民幣何時
再飆漲？

一、上證 A 指（俗稱上海 A 股或陸股）

　　早期中國大陸股市因有財務及資訊不透明之大罩門，但自2006年（民國95年）開始大改革後，加上其國內經濟的超高成長，股市一飛衝天，飆漲4.4倍〔**如圖10所示**〕！緊接著在2007年（民國96年）10月又由最高點6429點開始崩跌！**僅一年時間即見到1749點，跌幅高達73%！**歷經4年的反彈再跌，現在來到2184點附近（101年9月底），即是在15年平均線之下邊懸著〔**如圖10之A所示**〕。**陸股（上海A股）究竟會一路再跌，破1749點前波低點關卡，或經由其政府護盤而再飆漲？**

　　很多投資人都關心這陸股的走勢，當然台商（在大陸）更掛心。在100年（2011年）的3月，陸股在春節後大漲一波中，當時有一位上過研習課的台商主管，從大陸打

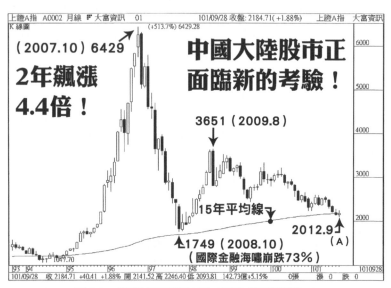

上證A指 A0002 月線 ＦＰ 大富資訊　01　　　　101/09/28 收盤: 2184.71(+1.88%)　　上證A指　大富資訊

K線圖　　　　　　　　　　(+513.7%) 6429.28

（2007.10）6429

2年飆漲4.4倍！

中國大陸股市正面臨新的考驗！

3651（2009.8）

15年平均線

2012.9
（A）

↑1749（2008.10）
（國際金融海嘯崩跌73%）

1047.70

93　94　　95　　96　　97　　98　　99　　100　101　　　1010928

101/09/28　收 2184.71　+40.41　+1.88%　開 2141.52 高 2246.40 低 2093.81　142.73億/+5.15%　　0張　漲 0 跌 0

圖10　陸股正面臨15年平均線關鍵點。

來問陸股還可以投資（追買）嗎？我看了一下電腦線型，很快且很肯定地向他說：「**短線續漲，但空間已不大！若想中短線投資，肯定大賠！因為這是最後的逃命波⋯⋯**」。當時是在3100點（上海A股），短線雖續上漲到3212點，而至今已下探2099點，跌幅已達35％！10月起其政府應會盡力穩定股市，**但投資人仍應以「技術指標多空」為依循。**

為何當時我會很快又很肯定的回答，因為我每天都會看陸股走勢，更重要的是我非常了解大陸的經濟數據狀況與變化。因此再以目前的狀況研判，**許多投資人與法人認**

為是「底部」，可是我研判是還沒，是因為「空頭趨勢的向量值」仍為「緩步趨下」，但強大的中國大陸經濟體（世界第二）在一段時間後，仍將會拉動陸股的大幅上升空間！

二、人民幣的未來走勢

中國大陸改革開放已三十多年，目前綜合國力及經濟實力都足足是個世界第二強國（僅次於美國），**而美國的國家政策已明顯實施貨幣寬鬆政策（QE3），俗話稱「大量印美鈔貶值還龐大負債，及增加出口競爭力」**，世人皆知美國國力正在衰退中！經濟合作發展組織（OECD）日前發佈預測：「**中國在2016年將超越美國，成為全球最大經濟體**」，而我認為很有可能還會提早一年！

在人民幣走勢看漲下，中國大陸政府為降低人民幣升值對大陸經濟的嚴重衝擊（尤其出口業），因而積極發展內需型經濟以減緩國際貿易的損害。而人民幣已逐漸成為國際主要國家的貿易幣別之一及外匯存底，加上投資人民幣有利於長線穩定的獲利，**勢必這種看漲的潮流將會持續數年**。人民幣兌美元目前為0.63，**未來仍有升值的空間**。

兩岸的金融合作與互惠機制逐漸由無到有，由有到漸

漸完美。因此在台灣的民眾日後要投資或儲蓄人民幣，對
投資人都是一件有利的事。**以目前（101年9月）中國人民
幣的定存一年與五年利率分別是約3.5%與5%！而台幣則
分別是約1.35%與1.42%之差別**，因此我認為台幣的利率
在競爭的市場下，應是會有向上調升的空間。

第二篇

陷阱重多之金銀島
——台股

台股
之五大關鍵特性

一、市場的特性

　　台灣的股市算是全世界最難操作的股市，**主因就是「變數太多，人為干擾太多」**。例如，常突發之大利空政策或政令或政治人物的隨性喊話（使兩岸關係緊張），**以及政策護盤、偷偷護盤、口水護盤（宣示要護盤，卻無實際行動）；有時真要大護盤，卻又一路護盤仍不斷大跌……等；或利空政策消息一出，股市大跌，又立刻急忙否認！投資人真的被整慘了！……**。

　　再加上原本在多頭上升中的台股，常會因為美股的大跌而大跌；或原本在空頭下跌中的台股，常會因為美股的大漲而大漲。甚至在盤中，日、韓、港、陸股的急漲急跌，也會使台股突然跟著急漲或急跌。

　　由以上可知，**台股市場簡言之就是另有一特性「無主**

見」，這種「無主見的跟漲跟跌」機率大約在七成左右，因此真正要研究台股走勢，一定要同時研究美股走勢。

上述台股無主見之特性，也因此可以用來研判台股的強弱。例如，當美股大跌，照理台股也會跟著大跌，**但若是台股「抗跌」收紅，則表示台股「短線易強」**；或當美股大漲，照理台股也會跟著大漲，**但若台股「抗漲」收黑，則表示台股「短線易弱」**，這點非常重要！

二、投資人的特性

國內的投資人大多都是散戶，也大多都是短線進出。真正做長線投資（一年進出一次或兩次）者，比例不到5%。

投資人的特性是「急著想賺大錢」，每天懷抱著希望，也懷抱著恐懼，**也就是「漲也怕！跌也怕！買也怕！不買也怕！天天都在怕！」**在操作上共同的特性也是**「每天追高殺低！」**，當然**「只會作多，不會作空」也是特性**，所以散戶投資人在股市大跌時傷得最慘重！

據統計，投資輸家在股市裡的「投資壽命期」，平均只有五年；而「玩」期指的投資輸家，「投資壽命期」只有三個月。超過上述之「投資壽命期」，除了少數專業投資人

外，大多可能因賠光或套牢，而不再進入股市，除非數年後又有一筆錢可做，這是投資人的宿命。**要改變這宿命並不容易，唯有堅強的毅力與努力，才能反敗為勝。**

三、專家的特性

國內的股市專家大體上分為四類：1. 投顧老師；2. 投信公司之經理人；3. 證券公司之研究員或分析師；4. 非上述公司之專業投資人員。

上述專家之專長又分為二種：1. 專長基本分析；2. 專長技術分析。這兩派就像不同的宗教或門派，會極度的相互排斥，即互不認同對方。

我在股市前後已近20年，**深知專家的特性與功力，其實與散戶投資人並沒什麼差別！**只差在他們很熟悉專業理論（紙上談兵）。92年3月13日的**財經媒體之大標題：「操盤手不敵空頭，大獎從缺。」**副標：「**每10個投資人只有0.2個人小賺，其餘都賠錢」**！〔如圖11所示〕，這證明了我的看法是正確的，**投信經理人也是常賠慘慘！**由盈正案即知。

美國一個知名媒體，曾追蹤統計15年來美國股市專家的研判與預言，結果答案震驚全球：「**專家平均的錯誤率是**

傑出基金頒獎

基金經理人操盤賠慘慘之新聞

操盤手不敵空頭 大獎從缺

每10個投資人只有0.2個人小賺 其餘都賠錢

夏韻芬/台北報導

股市三年的空頭市場，加權指數下跌超過48%，個股不但股價「攔腰斬」，有的已經斬到膝蓋骨。然而共同基金市場並沒有比散戶達到損失較少的目標，如果根據國內財經專家、學者評估的傑出基金條件〈除了基金淨值因素，加入投資報酬率以及風險係數〉來說，三年的基金投資中，十個人中只有零點二個人小賺一點，其餘都是賠錢。

儘管國內外的基金大獎熱熱鬧鬧的開始，不過檢視此次的得獎名單，則多有蹊蹺，其中上市股票基金中的科技類股，不管是一年期、三年期以及五年期都是從缺，與高科技股產業變動以及股價下跌不難理解，而上櫃股票基金也有兩項從缺，債券型基金也是三項從缺，除了突顯空頭市場操作難度提高，得獎的難度更是同步上升。

幾乎是國內外的理財專家都會把共同基金做為資產配置的重要比例，特別是去年開始的微利率時代來臨之後，定存、債券、共同基金，成為三大項保本防禦性商品，即使許多投資共同基金的受益人已經變成「受害人」，基金價值嚴重縮水。不過大部分的基金公司還是一味的要投資人長期投資，有的基金經理人價值縮水到三元、四元，依然大言不慚的認為「與大盤或是同類型股的Benchmark〈標竿投資組合〉」，讓投資人血本無歸！

國內的共同基金市場在八十六年、八十七年間到達高峰，沒有三年光景，昔日的明星基金經理人大都受傷退場，現任基金經理人面對更嚴酷的考驗就是不斷的天災人禍，以及空頭的煎熬，只是令人無法接受的是「交給專家操盤，比自己賠的還多」，就是目前十個投資人，九點八個賠錢的悲歌。

此次值得鼓勵的是，金鑽獎在評審辦法中強調，得獎基金績效必須優於同期大盤，而且為正數，以三年期基金的得獎名單來說，九十檔的基金中，只有二檔基金維持正數，其中，統一統信三年報酬率為2.74%排名第一，台灣富貴0.6%排名第二，其餘都是負數。

92、3、13

圖 11　92.3.13財經新聞。

70%！」同理可知正確率只有3成。試問，一個專家的投資正確率只有3成，那麼是輸家還是大輸家？

上述之啟示，讓我們了解到不要隨意聽信「專家」的話，一定要自己努力深研才是方法。

四、法人的特性

國內的法人來自四個方面：1. 三大法人（外資、投信、自營商）；2. 四大基金；3. 國安基金；4. 一般上市櫃或一般公司法人。

法人的特性就是進出資金龐大，足以影響股市或個股的漲跌。**他們多半都只會作多不會作空，但因持股甚多，所以在空頭，當他們要撤退（賣股票）時，也會如洩洪般的倒貨（如同放空）。其實法人慘賠的也很多！**

股市裡有句話：「**法人就是個大散戶**」，我也這麼認為。但法人的贏家比例當然遠大於散戶，因為他們擁有最新或最內幕的訊息；**但在空頭市場時，法人的賠錢機率也相當大。**所以在多頭線型時，跟著法人大戶買是容易獲利；但在空頭趨勢中（例如97年的下半年），則不要跟著法人大戶買，一定是賠錢套牢。

五、媒體的特性

　　國內媒體（報紙、電視、電台、雜誌……）**最大的特性就是：「天天偏多、報多、看多、期待多」**，除非到了急跌段，才會「保守或觀望」，**很少媒體會在空頭市場中「看空、報空」。主要的原因是：**

1. **媒體的記者、主播或專業的來賓們幾乎都是「死多頭」。**

2. 媒體應市場之需求。**因為這個市場（台股）95% 的投資人或專家與法人，都是「多頭一族」**，如果媒體「報空、偏空」，這媒體就沒人看了，廣告量就立刻大降，所以誰（媒體）也不敢得罪鈔票！

　　幾年前，我每天早上都有與國內的某大知名電視財經台盤中連線解盤。當時大盤已明顯在大跌勢中，主持人每天還是不斷的問我：「**今天是不是會反彈？**」「**今天是不是可以作多了？**」「**今天大跌，有哪些股票可以逢低買呢？**」……。當時我知道我的「空頭分析」在任何媒體都很難有據實分析且警示投資人的機會，於是向主持人推辭了該盤中連線解盤。

第 2 章
投資人賠錢之
十大原因與解決方法

一、不知股市的多空趨勢

所謂的「**多頭趨勢**」，就是股價長期（半年或一年）不斷的連續大漲小跌，呈現上升（上漲）的趨勢；所謂的「**空頭趨勢**」，就是股價長期不斷的連續大跌小漲，呈現下降（下跌）的趨勢。

而趨勢又可分為：長線、中線、短線的趨勢。**投資人根本無法判斷大盤或個股的「趨勢座標」**，例如是在上升趨勢的回檔波？或下跌趨勢的反彈波？或末升段的頭部區……等。

所以很多投資人見股價下跌就認賠殺出，但不久股價又大漲，這就是他賣錯了，是賣在上升趨勢的「回檔波」；或是見股價下跌以為是「回擋波」而抱牢，結果非常不幸，股價卻是「頭部反轉下跌」而慘跌慘賠！

解決方法

假設你是短線操作者,即以「日線」為準,以20日均線當「趨勢線」,當股價拉回在趨勢線上升之上或下,基本上都是買點,(例如101年2月1日之大盤)。**當然沒有任何一個簡易指標又要「精準」又要「簡單」又不能有「盲點」。我有一個公式雖然較複雜,但由電腦程式排列成簡單易懂的「多空波段」、與「主力線」,精準度卻相當高,待有機會(技術分析研習)再細述。**事實上,很多專家還不會看「趨勢」。

📈 二、不知如何選股與操作

選股對投資人而言確實不容易,要正確的操作則更難。目前上市櫃股票有1400多檔。投資人根本就是眼花撩亂。而股市的強弱股又每天輪漲輪跌,即使運氣好買到一支黑馬股也不知道,漲了2天就賣掉,結果常常是少賺8支長紅。或是選到一支個股是在跌勢中的反彈,沒幾天就一路大跌破底……。

解決方法

因為這個問題太廣,本書第四篇有較詳盡的說明。簡

言之，你一定要先有一套好的股市專業軟體。一般而言，**若你重視基本面，就應找本益比10倍以下之個股；若你重視籌碼面，就應找每天主力法人大買超之股；若你重視技術面，你就應挑選最佳之黑馬股線型……**。這一切的根本在於你必須要具備技術分析的基礎。由於許多投資人不知如何選股，甚至不會挑選黑馬飆股，**於是我研發了一套黑馬飆股「程式選股系統」及「多空波段操作系統」**，精準度甚高，在本書第九篇我會把其重點精華提示出來與讀者分享！

三、股市多空轉折，不知如何應變

股市的多、空轉折是個很大的學問，即使專家也大多不懂。主因是，**每當在「頭部區」法人主力大出貨時，都是媒體最看好的時候**，處處都有利多消息，投資人當然是在「消息面」利多之下也跟著看好。或在暴跌谷底看破股市，結果卻股市一路上升（例如97年底的4000點底部區之起漲到8400點！）

解決方法

有一較簡便的方法是，以平均線的10日或20日為準，再配合技術指標的反轉，例如 KD 或 MACD 的背離，而股

價跌破 10 日均線（如 101 年 3 月 5 日之大盤）。

然而波段的多空轉折並無法在此三言兩語即全部說清楚，因為這還要配合趨勢，而且波段又有大、中、小之別及強與弱之別。我有一個很好但較複雜的公式，**即由電腦程式精算股價多空波段的「最佳轉折點」，精準又易操作**，有機會再詳述。

四、對基本面不懂，也不知如何入門

「基本面」是股價漲跌之基本原動力，**所以投資人都會很注重「比益比」與「營收或獲利成長」**。可是往往基本面不錯，股價卻很牛皮甚至很弱；**而基本面常是賠錢的，其股價卻是常常一路大漲**，投資人真的搞不懂為什麼。

解決方法

市面上有很多關於基本面的股市書籍，而且都是彩色印刷與圖解，都是針對「入門」之投資人而寫的，寫得非常好，投資人只要有心找一定找得到。**本書之第四篇也有實戰重點與精髓敘述，非常值得讀者們參考。**

五、對技術面不懂，也不知如何入門

我接觸投資人的機會非常多，他們大多不懂技術面，有些是了解一些基本的，但對實務操作完全無效。例如：KD 指標說到了 80 就是「超買」，結果不敢買，之後股價卻一路大漲；KD 指標說到了 20 就是「超賣」，結果就套牢抱著等解套賺錢，股價卻一路向下殺。例如 97 年 5 月 KD 跌到 20 以下，指數是 8619 點，如果當時不賣，最後就慘跌到 3955 點！

解決方法

如果投資人想學「最基本」的技術（當然包含了許多盲點），市面上有許多不錯的基礎技術分析書籍，且是彩色圖解，內容非常好。但**若想真正學到「實戰贏家」的技術精華，靠那一些基礎技巧，是微不足道的。找資深專家請教，是最快的方式。**

六、聽信專家媒體的話

其實投資人買賣股票的行為，絕大多數都是受到「專家與媒體」的影響。而在本書的第二篇第 1 章，我已說明了專家與媒體的特性，也轉述了美國的媒體報導「專家的錯

誤率是70％！」因此投資人會賠錢是很正常的。

解決方法

我是在民國78年的某日，親眼看了電視的報導（美國專家的錯誤率是70％！）自此之後我就不再相信任何專家與媒體的話，除非是我驗證過的幾位著名的專家外。**投資人最好是先把基本功做好，這樣才有助於你研判別人或報導是否正確**，而且最好是「追蹤」其研判，追蹤核對其過往言論才是最客觀的方法。

七、老是追高殺低

90％以上的投資人與專家都會有此習性，這也算是「心理障礙」。因為股價在起漲時，通常不會有什麼利多或訊息，或是你看到了「起漲」也不敢買或不屑買，**只有到了明顯上漲才會有一堆的利多與訊息，這時你才會有勇氣買，可是這時已是風險很大的時候了，因為法人主力常會「藉利多出貨」**。當股價轉跌時也是捨不得賣，只有到了大跌才會忍痛賣出，全世界的投資人都是如此。

解決方法

　　我的操作一向都是「要買就買在起漲點」，或「發動才買進」。我教的學員們也都有此習慣，因為這樣的成功率非常高。

　　如何才能確認是「起漲點或發動點」？主要是看線型與技術指標，以及最重要的「主力點火」，本書在後段將會有許多案例說明。要克服「殺低」的錯誤操作，唯一的方法就是「嚴格停損」。

八、不會看法人主力的動向

　　幾乎所有的股票大漲都是靠「法人主力的炒作」，因此法人主力的「大買超」，即是投資人必須緊密追蹤的焦點。很多投資人不會看此動向，甚至沒有這方面的專業工具，就如同要去淘金，卻沒有淘金的工具，當然會是失敗的。

解決方法

　　首先要先準備好一套專業的股市投資技術軟體，裡面會有很詳細的分析與分類，例如：三大法人買賣超（又分為：外資、投信、自營商），及所有大戶及法人的買賣超，每日進出差額、券商進出統計……等。**雖然跟著「主力大戶」做進出，不是絕對會賺，但至少有7成左右的成功率。**

九、不會停利與停損

別說只有投資人不會「停利與停損」，**即使是很多投顧的老師或專家也不會**。常聽說某某老師叫進的一支股票，不設停損，越跌越買，最後到了暴跌才斷頭慘賠出場！

市場上也有很多名人或知名專家會發表停利與停損的公式，例如：「賺了20%（或30%）停利！賠了10%（或15%）停損！」我徹底詳細算過，上述公式絕對錯誤。

解決方法

停利與停損的公式是複雜的，但若要以最簡單的方法，許多專家是以「10日均線」作為停損或停利，準確度尚可，但仍有不少盲點。也有人以技術指標之背離做為停損或停利。

事實上停損與停利是要先看「個人」的條件，以及是長線操作還是短線操作；還有每個人的資金不同，損益承受度不同。很多人停損後，結果一年後又大漲，甚至一、兩星期後又大漲，自己又在哇哇叫。**我有一個最佳的停損與停利公式，但不一定適用於一般操作極短線的投資人，因為那是專業短線波段用的；另外還有絕對停利與絕對停**

損公式，效益價值驚人。

十、不知如何資金控管

　　投資人大都不會資金控管，一見行情大漲就大舉融資買進，很不幸股價又急殺；或明明是大底的起漲初升段，卻只保守地小量買進；或是空頭的反彈波，還大量使用融資作多，一下子就融資斷頭了！更離譜的是，**常見投顧老師瞎喊「十成多單」！「十成空單」、「押單支」、「大跌大買」**……。可憐的會員、投資人最後大都慘賠出場！

解決方法

　　在本書第四篇的第7章有詳述如何做好贏家的資金控管，非常值得詳讀。

第3章
股市專家名嘴
紙上談兵的賠錢熱門理論

一、逢低佈局、開始佈局

這種操作只適合數億以上大資金的法人或大戶，可是絕大多數的專家、老師卻當成經典理論，**這是最明顯「不知股市何時會漲的無知且茫然」之理論。**

二、加碼攤平

在跌勢中，投資專家、投顧老師、分析師、名嘴或投資人及銀行理專最常用的方式，其失敗大賠機率約是90％！**許多投資人攤到最後輸光光！**

三、分批買進，分批賣出

這是盲人騎瞎馬的操作，完全不知波段底部與頭部地

胡亂茫然操作，最後結局大多是慘賠。

四、拉回就是買點

　　我不曾見過那些名嘴敢明確地說：「拉回多少是買點！」每天模糊地猜、茫然地碰運氣；到空頭時，這招死得最快。

五、底部進場，不賺也難

　　這對外行的投資人吸引力極大，但為何很多投資人卻**因此而慘賠？**因為輸家（某些專家與投資人）的主觀與無知之期望，是根本敵不過客觀技術面的下跌趨勢。　民國97年大盤由9300點跌到7000點時，許多專家大喊底部進場（主觀認定政府一定會護盤成功與整數心理關卡支撐），**結果卻一路崩跌到3955點，散戶、專家、股市名嘴皆慘賠！**原因何在？因技術面的 MACD 與 DMI 指標皆呈現明顯大跌趨勢。**我敢保證地說：「順勢（多、空）操作，一定大賺！」**

　　100年7月的年線大支撐「底部」，名嘴專家大喊進場！結果卻由8700點一路暴跌到6609點！

六、隨便買，隨時買，不要賣

這是民國86年全國最暢銷的理財書當中的「經典名言」，許多投資人即奉行此論。結果卻是：股市由萬點暴跌到5422點，許多投資人斯時方才警醒（因為這句話），但自己早已做了「白老鼠」。無奈，無知的投資人太相信那些留外的財經或企管（無實戰贏家經驗）理論專家。

七、急跌可以搶短

這是最可怕的危險操作，但永遠改變不了輸家的宿命。一位慘賠後退出股市的投資人說，他就是因為聽信專家名嘴的話，天天作多，漲也買、跌也買，結果一次台股大跌，全部慘賠光光！

八、選股不選市

在空頭跌勢時，這句「阿Q語」最能打動死多頭輸家的心，每個人都認為自己可以避開「眾人慘賠」而獨賺，卻不知成功機率微乎其微。切勿以「僥倖的某次」當成定律！多玩幾次，你就會知道金大班的最後一夜是怎麼唱的！事實上，唯有在盤局時，才適用「選股不選市」這句

話。

九、迎接千點大行情，萬點不是夢

許多專家「年年預測，年年錯」，「季季看多，季季賠」；但這也是投資人最喜歡聽的發財大夢，醒後常是金盡與心碎。**其實，若在多頭結束或在空頭，這個言論的背後通常是有個很大的「目的」（法人主力出貨或解套）！**

十、有新高量必有新高價

這句話對錯各半！此話在主升段時是正確，但在末升段或頭部時是錯誤；**往往在新高量後，即做頭反轉。**例如96年7月26日，台股攻上9807高點（頭部），見3219億之天量！當時法人、專家大喊上看15000點！結果很不幸，台股竟一路崩跌到3955點！全國「專家」法人、散戶全都慘賠！唯有空手者或作空者例外。

十一、唯量是問

基本上有大量才能堆高股價，這是連散戶都知道的小常識，專家卻常佯裝神算，說些不置可否的話。**其實，投**

資人要知道的是：「近期會漲還是會跌？」專家只要回答：「會漲，漲到哪？」或者「會跌，跌到哪？」而且真正的專家更要研判出，「股市將會不會出現大量上攻趨勢？」因此「唯量是問」四字，只是股市名嘴唬弄投資人的空洞無知之話術。

十二、買黑不買紅

許多專家告訴投資人「買黑不買紅」，意思是：「不追高，拉回下跌可以買」。可是多頭市場也常有連跌3根黑K的，甚至下跌一個波段，買了就套，散戶會不怕嗎？專家說不追高買紅K，但多頭市場，往往股市是一路大漲。又萬一是空頭市場，那就慘了，「買黑」後，結果經常是一路再大跌。老實說，很多專家是不食人間煙火的！

第三篇

飆股藏寶圖

第**1**章

黑馬股 與飆股之別

全世界上的投資人都希望能買到「黑馬股」與「飆股」,而這兩者仍有所不同。

簡單的說,**飆股的強度比黑馬股還強**。如果一支股票能不斷的上升,且大漲小回,漲幅3成或5成,一般這叫做「**黑馬股**」;如果一支股票是天天漲停板,或休息一陣子又天天漲停板,一、兩個月漲幅就一、兩倍或以上,例如98年8月的美格(2358)、101年9月的中福(1435),這就叫做「**飆股**」。(**本篇後段會詳述如何利用「程式選股」買在起飆點!**)簡言之,黑馬股若是「噴射機」,飆股就是「火箭」!

要買黑馬股與飆股,最重要的意義就是,**如何買在「起漲點」與如何「賣出」**,這兩點對一般的投資人或專家而言是相當困難的,但我卻有相當多的成功操作經驗可分享給讀者。

第 **2** 章

黑馬飆股
起漲之6大密碼

密碼 **1**、法人主力大買超

　　股價漲跌之因素，除了基本面與供需之外，**主要是靠人為的炒作，也就是「法人主力大買超」**。如果技術線型是在相對底部區，只要法人主力大買超，再加上「點火」（在媒體發佈利多訊息），股價就會一路大漲！

　　例如，92年12月11日**我在電視上提示了千興（2025）的K線圖，標題：「原料大飆股，肯定大賺，快加入，漲幅先看一倍」！並特示「主力大買超」，當天會員買進價9.5元，〔如圖12所示〕。果然這支股票一路飆漲到24.2元，會員大賺1.5倍出場！〔如圖13所示〕。**

　　千興飆股之啟示：法人主力早已不斷在底部區數個月的進貨與洗盤，最後強力飆升了3個波段〔如圖13所示〕**達1.5倍！我帶會員在前波的高點壓力區25.8元之前獲利下**

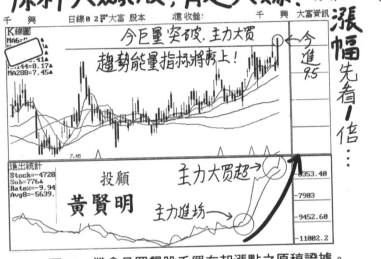

圖12　帶會員買飆股千興在起漲點之原稿證據。

車，從此千興又一路大跌到3.62元！這種暴漲暴跌就是股
市的特性。

密碼❷、炒作題材要強勁

　　所有股票的**飆漲**都是靠「**人為炒作**」！而「炒作題
材」越強就越誘人，若加上時機許可，這支股票必定漲**翻
天**。

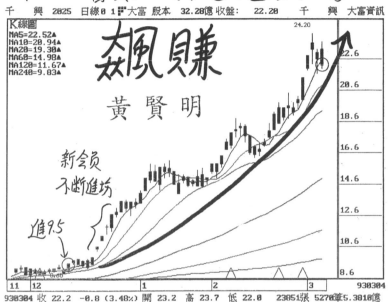

圖13　帶會員大賺 1.5 倍出場之原稿證據。

　　例如，96年6月政府打算將「農地變建地」，這重大政策（放風聲）消息一出，農地最大受惠股就是農林（2913）即跳空漲停止！6月15日**我在技術分析教學的講座上，標題為：「農地變建地大利多，選前大黑馬」，並特示：「6年大底，即將發飆」**！〔如圖14所示〕結果即由當時的10.1元，一口氣直飆到34.8元！漲幅高達2.5倍！〔如圖15所示〕，震驚當時的股市！

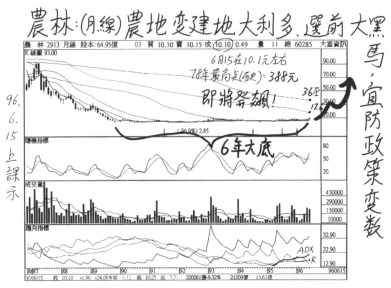

圖 14　農林底部10.1元時示即將發飆之原稿證據。

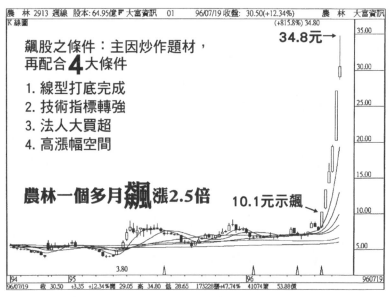

圖 15　農林 10.1 元示飆即狂漲到34.8元。（與圖14對照）

農林飆股之啟示：

投資人要經常注意股市的相關新聞，很多飆股都是免費在報紙上可以找到的。當然還必須有技術分析的深厚基礎，**當新聞的炒作題材配合技術線型就是黑馬飆股！切記，法人主力若要炒作股票，一定是在消息發佈前已大量吃飽貨！**未來仍將值得注意。

密碼 3 、融資大幅下降

融資是散戶的代名詞，**融資大幅下降，代表散戶投資人大幅退出**；而投資人大幅退出後，同時法人主力大幅買進。在這種情況下，只要有炒作題材就能飆升！

例如，88年11月3日我當時鎖定了一支潛力飆股太欣（5302），**在電視上提示了標題：「中線大底完，小型低價電子黑馬！飆！」**並示「融資大減」（只剩幾百張），〔如圖16所示〕，當天收盤22.5元（會員不斷買進）果然，半年即狂漲到98元！漲幅高達3.4倍！〔如圖17所示〕，又造成當時股市的大轟動！

太欣飆股之啟示：

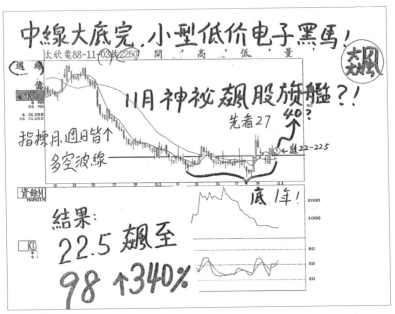

圖 16　帶會員買電子飆股太欣電之原稿證據。

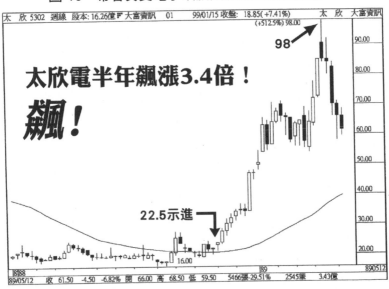

圖 17　太欣電飆漲 3.4 倍！（與圖16對照）

　　如果一支潛力飆股，它的週線是大底完成，而趨勢線又由底反轉向上；如果再加上融資大減，則這支是飆股的機率是90％，若當時有炒作題材點火，則必是100％的飆股！101年9月泰豐的飆漲也屬此型。

密碼④、底部量縮

　　黑馬飆股起漲前有個定律──「量縮」，如果股票在相對低檔則更是，代表這支股票的籌碼穩定且乾淨，猶如乾柴一點火即燃燒。

　　例如，98年3月2日**我在技術分析教學的課程中提示標題：「海韻電：本益比4.3倍，打底完將起漲」**！並特示：「起漲前的量縮」，當出現一根巨量長紅即是發動的訊號〔如圖18所示〕，當天收盤價36.35元，**結果一路大漲到71.6元！漲幅高達97％**！〔如圖19所示〕。

　　<u>海韻電飆股之啟示：</u>

　　「量縮」是飆股起漲前的最大特徵。當週線之股價突破趨勢線時，股價會產生一種強大的爆發力，此即是黑馬飆股之起漲點。

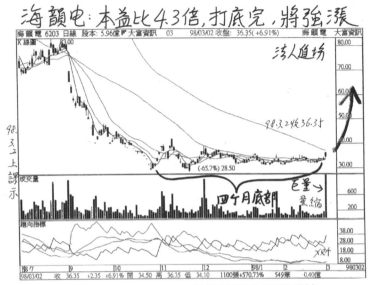

圖 18　課程提示海韻電將強漲之原稿證據。

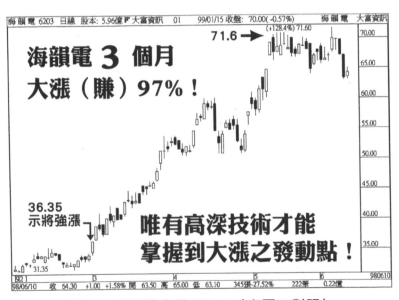

圖 19　海韻電大漲 97％！（與圖18對照）

密碼 5 、價位低

一般黑馬飆股很少價位在100元以上，超過50元以上就明顯減少，**主要的價位區間多集中在5元至30元間。**因為價位低，要炒到1到2倍很容易，例如10元漲到25元！但要由100元炒到150元，就很吃力了。

例如，98年11月30日盤中，**我用我的「電腦程式選股系統」**（內附黑馬飆股程式密碼）快速（約30秒）篩選出**強勢黑馬飆股漢磊（5326）**〔如圖20所示〕，收盤價在9.35元，當天成交量4693張，但之前的兩個月之日平均量只有約不到1000張，而且價位非常誘人，只有不到10元，買進後果然幾乎天天漲停板，直到17.4元止，**漲幅高達86%！**〔如圖21所示〕，同日程式還選出佶優、佑華、台虹等黑馬飆股！驚人的是，**大盤在同期間（一個多月）只上漲9%！**這證明了「選股程式」之威力超強！

漢磊飆股之啟示：

漢磊因為價位只有10元不到，全國散戶投資人都買得起，而盤整4個月量縮，散戶全部退出換主力進場，**當電腦程式選股鎖定時，即是飆漲的起點！**投資人如果不會自己選黑馬飆股，可以藉由電腦程式快速（約30秒）選股，效果驚人！

F2:欄位排序 F3:選擇日期 F7:選擇類別 DEL:刪除股票						
超級王牌選股			日期:981213(000)		筆數: 30/51	
代號 股 名	項目一	項目二	項目三	項目四	項目五	項目六	項目七
[日線][1.短線強勢股	回朔日期 981130	條件16或者條件17				
3596 智 易	1.00	1.00	1.00	83.10	81.50	1.12	0.00
4104 佳 醫	1.00	0.00	1.00	70.00	68.00	1.12	1.00
5326● 漢 磊 √	1.00	1.00	1.00	9.35 △	9.06	1.12	1.00
5452● 佶 優 √	1.00	1.00	1.00	10.90 △	10.10	1.12	1.00
5464 霖 宏	1.00	1.00	1.00	41.50	40.90	1.12	0.00
5471 松 輪	1.00	1.00	1.00	85.00	83.00	1.12	1.00
6170 統 振	1.00	1.00	1.00	38.50	36.20	1.12	1.00
6213 聯 茂 √	1.00	1.00	1.00	29.50	28.80	1.12	1.00
6224 聚 鼎	1.00	0.00	1.00	52.30	49.60	1.12	1.00
6243 迅 杰	1.00	1.00	1.00	70.70	70.00	1.12	0.00
6245 立 端	1.00	0.00	1.00	28.55	25.80	1.12	1.00
6269 台 郡	1.00	1.00	1.00	46.90	46.20	1.12	0.00
6508 惠 光	1.00	1.00	1.00	27.80	28.10	1.12	0.00
6509 聚 和	1.00	1.00	1.00	26.10	24.40	1.12	1.00
8024 佑 華 √	1.00	1.00	1.00	23.15	23.10	1.12	0.00
8039 台 虹 √	1.00	1.00	1.00	47.05	48.00	1.12	1.00
8069 元 太	1.00	0.00	1.00	71.10	69.90	1.12	1.00
8086 宏 捷 科	1.00	1.00	1.00	37.55	34.30	1.12	1.00
8111 立 碁	1.00	0.00	1.00	18.95	17.45	1.12	1.00
8210 勤 誠	1.00	1.00	1.00	26.60	24.85	1.12	1.00
8925 偉 盟	1.00	1.00	1.00	25.00	23.55	1.12	1.00
9943 好 樂 迪	1.00	1.00	1.00	28.00	27.00	1.12	1.00

打 "√" ：黑馬飆股

圖 20　98.11.30 程式選出之漢磊、佶優、佑華、台虹等飆股
　　　 之證據。

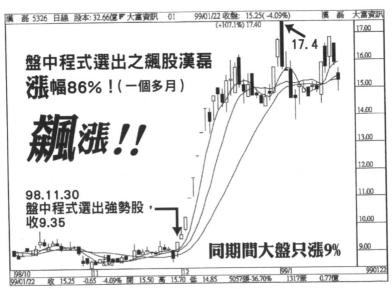

圖 21　程式選出之漢磊飆漲 86%！（與圖20對照）

密碼 6、股本小

股本小代表容易炒作，如果價位又低（10元左右）就更吸引人，與「本益比高低」根本無關，勿信基本面的專家！

例如，98年11月30日盤中，**我用我的「電腦程式選股系統」（內附黑馬飆股程式密碼）快速（約30秒）篩選出強勢黑馬飆股佶優（5452）〔如圖20所示〕**，收盤價在10.9元，當天成交量5158張，之前盤整2個月也是量縮，今日長紅大量是最佳買點（現在電腦程式真的非常聰明！），果然買進後就幾乎天天飆漲停板！直到18.9元止，漲幅高達73%！〔如圖22所示〕。一樣驚人的是，大盤在同期間（兩個多星期）只上漲2%！同日選出之飆股還有：佑華（8024）、台虹（8039）、**漢磊（5326）**……等。〔如圖21所示〕。101年9月飆漲的云辰（2390）亦是。

佶優飆股之啟示：

因為我把所有的「黑馬飆股條件」全部輸入電腦，電腦會很快（30秒左右）地從1400多檔股票中飛速篩選，只要符合條件，它就會跑出來！例如，**佶優在飆漲之前「量縮整理」，今日「長紅大量突破」，「均線呈強勢大多頭排**

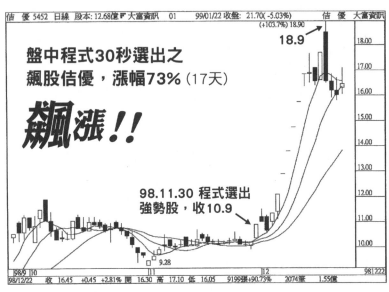

圖22　程式選出之佶優飆漲73%！

列」，週線之「趨勢轉強」，月線（長線）在「強勢上升趨
勢」，「今日法人主力大買進發動」，「今日的飆漲技術指標
出現臨界爆發點」……等。若用人工選股是絕對不可能如
此的。

　　切記，現已是電腦的科技時代，所有的工商業甚至軍
事都是透過「電腦程式」處理。**做股票用「電腦程式選
股」及「程式最佳化波段操作」，已是時代趨勢，更是投資
人在股市「致勝致富」的唯一利器！**本書在第九篇有詳細
之說明。

第 **3** 章
選擇
飆股的時機

　　一般分為兩種不同的時機，在漲勢時機與在跌勢時機。在漲勢時是黑馬飆股的天堂，有如蒙古大草原可任飆馬奔馳。主力法人也會在此漲勢中積極地不斷炒作，不斷拉抬，散戶投資人這時會眼花撩亂地看著一檔檔黑馬股瘋狂亂奔，**這也是我為什麼說，在多頭漲勢時要積極不斷作多之意。**

　　然而在漲勢中卻會出現一種盲點，即是「回檔」或「下跌波」甚至「盤局」，該如何操作？基本上已知在漲勢作多的條件當然也在「漲波」，即股價在月線上升之上。若在回檔（大盤跌幅在7%左右以內，約回檔在月線與季線之間）時選擇黑馬飆股操作仍是可行，當然盤局時黑馬飆股還是一樣照漲。唯有在「漲勢的跌波」即回檔深度達10%以上時（在週線看是漲勢回檔，在日線看是跌波），此時的變數較大，除非是非常強勢之黑馬飆股才能逆勢強拉，多

半都會漲力折弱，甚至反轉回跌。**因此不宜在「跌波」時去尋找黑馬飆股，而應順勢放空（短空）。**

在跌勢時也常可見到一些黑馬飆股在漲，但只有漲勢時的十分之一不到。因此可知黑馬飆股不是一年365天每天都有，天天可做。那十分之一不到的黑馬飆股之「變數」常是漲勢時的4、5倍，因此風險很大。**是否該在跌勢時尋找黑馬飆股答案已很清楚。**

不過與上述漲勢同理，在跌勢中也會有「反彈波」，如果在反彈波時尋找一些黑馬股（不要奢望飆股），漲幅在三成左右，這機會還是不少，也是正確的操作。但在明顯跌勢的弱反彈（如只反彈一、兩天的8%不到的小細波）時，則不宜作短多（投資人除非有神仙功力），**因為此時最容易「賺3%賠20%」。而應空單先補，待反彈完再空，甚或空單不補至跌勢止。**

許多大師名嘴的老師常在明顯大跌勢之反彈波，告訴投資人又有「千點大行情」要發動了！切記，不要去做敢死隊，當炮灰。我在電視上看到太多這樣的慘賠陷阱，唯有順勢操作才是股市求生致富之道。

第 **4** 章
驗證永遠不變的
飆股模式

一、101年9月的領先飆股——泰豐

　　第2章所述之飆股6大密碼，適用以往的股市外，當然也適用目前的股市。**例如泰豐（2012）完全符合上述之密碼條件：量縮、低價位、主力大買……**。果然由8月9日當天一支長紅突破壓力線，即一路由15.45元狂飆到24.65元（10月截稿前），漲幅高達60%〔**如圖23所示**〕！同期之大盤只上漲5%。

　　也許投資人會問，在1400多檔個股中怎麼可能有時間一檔一檔的慢慢去找這「飆股6大條件」？**所以現在的專業投資人和法人主力早已在用「程式選股」，例如我將黑馬飆股的條件公式輸入**，在8月9日這天即可以快速（約30秒左右）即幸運選中，**待第九篇及第十篇詳述。**

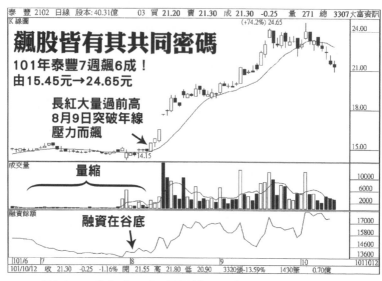

圖 23 「主力」加「題材」是飆股的兩大元素。

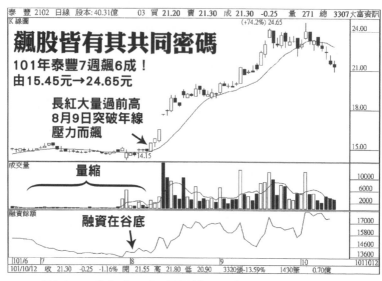 二、飆股最大的罩門——大利空或空頭

　　一般投資人都是全年都在尋找飆股，但飆股有其習性，只適合生存在多頭與盤局，在空頭趨勢中很難生存或見到。**許多主力在空頭中炒作，往往都是一日行情或失敗收場**。而在多頭中又最怕「大利空」，因為如同社會暴動中驚恐的人群往往會失控不可收拾！何況主力法人拉抬炒作某些準飆股，都是有一定的節奏，所以常見某一檔上漲中的飆股，**某一天突發大利空或因美股暴跌，當天該檔飆股很可能會暴量殺到跌停**！其他重點在第十篇將有詳述。

第四篇

散戶晉升贏家富豪之策略與操作

Stock Market Strategy

第 **1** 章
投資前先做好
正確的「自我投資定位」

一、巴菲特、索羅斯、舒華茲、張松允——皆因投資定位正確而致富

「投資」是人生的一場「金錢生死戰」，也是一場漫長的大戰略，如果不能先做好自我定位，則必在未來的投資道路上，不斷碰到失敗，小則賠大錢，大則積蓄賠光。

在這投資市場十多年來，我看過無數的投資人前仆後繼地賠損而傷慟地退出股市；當然也看過許多投資贏家及世界著名的投資鉅富，他們是如何成功的。**我研究後發現了一個重要結論，就是一個投資人如果沒有正確的投資定位，則絕大多數都會失敗的。即如《孫子兵法》所言：「知己知彼，百戰百勝」。**

這個「自我投資定位」的名詞，算得上是由我全球首創。緣由在幾次的大型理財投資講座中，各式各樣的投資

人紛雜的問題中，**我發現了一個化繁為簡、找出統一解決根源的投資第一步，即是先做好「自我投資定位」。**我們都知道建築商有一塊土地，他最重要的工作就是先做好「產品定位」。因此何謂「自我投資定位」？簡單地說，是依據你的：個性、膽識、喜好、專業程度、獲利企圖心與資金，而做最有效益又符合你需求的投資方式。

例如投資方式是：長線投資、中線波段投資或短線操作；投資類別如：股票、期指、選擇權、基金或外匯；專業技能是：基本分析或技術分析，或專靠打聽。

有兩個最佳例證：**股神巴菲特在大學是專攻財務與企業管理，**畢業後他工作的老闆葛拉漢又是華爾街（長線）投資之教父；因此「長線基本面投資」不但是巴菲特的專長與喜好，也因此，他能盡情發揮他所知所學的效益。

其二是：華爾街操盤冠軍馬丁・舒華茲。舒華茲是知名大學商學研究所畢業，陸戰隊軍官退役；他畢業後從事分析師（全以基本面分析為主）的工作，同時自己兼當投資人，但卻年年賠錢。原因是，他以基本面選股（需慢火燉熬才會賺），卻因他的敏捷、性急個性及陸戰隊養成的快速攻防之格鬥習性，不斷以此（基本面）「短線進出」而失敗。最後他改變了策略，完全以「技術分析」為主的「短

線進出」來操盤；果不其然，這項策略完全符合他的個性，**也終於讓他贏得全美九次的投資賽冠軍之億萬富翁。**

二、如何進行自我投資定位

1. 上班族

如果個性保守，宜「長線投資」績優且能高配股（息）之個股，如台泥（1101）、統一（1216）、裕隆（2201）、大榮（2608）、中鼎（9933）……等等；獲利目標在一年8～12％左右，這些個股標的獲利穩、風險低。它也適合退休理財族。**切記，不宜在中長線下跌的趨勢中進場**；但若在本益比8倍以下進場，成功機率更高。**若能懂技術分析，以「月線指標」找趨勢上升時才買進，往往獲利會加倍！同時在空頭跌勢時，可免於套牢賠錢。**

如果個性積極、夠膽識，則宜「中線投資」。標的為高成長、高獲利題材的中小型電子股，獲利目標在一年約三成左右；但其獲利大，風險相對也增加。 ＊上述投資人皆不宜做期指、選擇權，但可投資基金或外幣。 不過，還是一句衷言，**不管是中線還是長線投資，不懂「技術分析」，又不精於「基本分析」，其結果還是必賠之路！**

2. 可看盤投資族（白天沒上班或仍可看盤者）

如果個性保守，不宜做短線操作，宜以「中線投資」為主，策略如上所述。

如個性積極、有膽識，則可短線加波段操作。如技術分析功力不夠，則忌碰期指、選擇權，否則三個月內容易輸光光。

3. 職業投資族

此族群以「投資」為專業或職業，最先前提仍是以自己的個性喜好與目標為主；長、中、短線隨個人決定。 基本上他們的膽識夠，但功力則未必。如自覺功力強，則可偏重短線操作，含期指、選擇權之高獲利、高風險的操作。

我在授課中發現，國內職業投資族之比例有明顯增多趨勢，尤其是一些只有25至27歲的年輕人現在也加入此行列。我的學員中（技術分析課程）有很多都是醫生，他們的錢太多，很想精學一門副業（股市投資）。我認為應是受到股神巴菲特與台股期貨天王張松允等人致富傳奇的影響所致。不過巴菲特曾說：「**投資人要成功，必須先要有信心與目標，然後再加強專業投資技能才能達成。**」這句話可給這些投資人一個很好的參考。

第 2 章
自我定位後的
投資戰略

一、股票長線投資族（抱股一年至數年）

投資工具應以基本面為主，技術面為輔，比重約七比三。其道理在於，一個長線績優股仍有大幅漲跌的循環，搭配技術面之分析，可讓投資人事半功倍。

操作依據要以「月線」為主要參考，如果以日線研判，會有見樹不見林的盲點。選擇時機非常重要，例如在末升段或頭部區才進場，必賠！觀察股市資金動能的指標——M1b 與 M2 由底轉上升時，是一個很好的進場點，但仍須以技術面再確認。M1b 年增率（％）實用性較佳。

二、中線投資族（抱股1個月至3個月左右）

投資工具的策略，以基本面、技術面各佔四與六之比重。最適合的時間週期為「週線」；其基本認知：在長線跌

勢（如月 KD 下跌、月 MACD 也下跌）絕不作多，跳進去十之八九是賠。

　　選股宜偏重在高成長、高獲利、法人大力買進之個股。例如民國90年12月初，我為會員長久鎖定一支我非常熟悉的資產股——泰豐（2102）。因為它有土地開發投資的實際大獲利，即將正式編入次年（91）收益；於是我再詳細檢查「技術面」與「籌碼面」，發現該股融資由數萬張已暴減，而法人主力開始不斷大買，終於我選定了泰豐在技

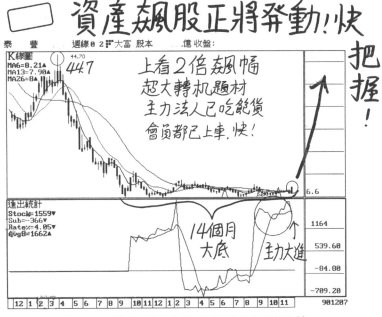

圖24　帶會員買在飆漲起點之原稿證據。

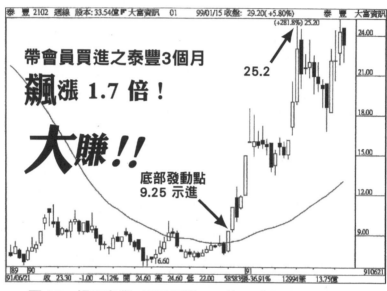

圖25　提示泰豐3個月飆漲1.7倍！（與圖24對照）

術面的「飆漲爆發點」。於是，我在90年12月7日，於電視
上公開這檔飆股（當時遮掩股名）將發動攻勢，時價為9.25
元〔如圖24所示〕；會員進場後果然一路狂飆到25.2元，
僅僅3個月竟飆漲1.7倍！〔如圖25所示〕。之後拉回又再
大漲到35.7元，漲幅高達2.8倍！

三、短線投資族（持股1天至1、2週左右）

這是國內散戶的主流族群。其投資工具的策略是，

75％的技術面、搭配25％的基本面；而所謂的基本面，完全是以「炒作題材」為主。投資人一定要有至少一套理想的操作分析軟體，然而事實上有此工具者，可能十分之一都不到。 操作上以日線搭配60分線進出，以週線當大趨勢。千萬記得，不可在週線指標下跌、且日線指標（如KD、MACD）下跌時作多，賠錢機率是95％！

戰術重點：

找出具有炒作題材的個股，再由技術面追蹤；同時鎖定法人主力的進出，當某日「中長紅大量突破」就是「最佳買進點」。這個「威而剛戰法」若經常使用，會讓你「快樂無限」！因為買這支也賺，買那支也賺，而且常大賺！

最好不要做「當沖」，沖久了賠錢的機率是99％，除非是在盤局小波，若採「隔日沖」（今日低點買、明日高點出）倒是理想之戰術；但不適用在黑馬股或飆股。

再次提醒，短線投資族千萬不要去找長線投資專屬的什麼高 ROE、高獲利個股，往往它會盤很久或下跌才大漲。重點是，你一定早已認賠殺出了！

因此，根據無數成功的經驗定律。短線進場是根據指標轉上或轉強時，再加上炒作題材（**見本書第十篇第2章**）

與籌碼的穩定（法人開始大買超），這樣才容易在最短時間內，掌握最快速的獲利，也可避免時間拖長的風險。

四、期指與選擇權族

期指風險很高，獲利也很高，它是100％以技術面為主的投資，如果沒有高深精闢的功力，建議你最好少碰，否則你在很短時間內就容易將本賠光。

如果投資人想學張松允、舒華茲的技術操作而快速致富，則一定要學好「技術分析」與「操盤要領」。

選擇權是國內未來的熱門投資，主要分為「買方」與「賣方」。新手投資人不宜做「賣方」，因為所需要的本金較多，同時獲利有限（小於100％），而風險無限（數倍、甚至十幾倍！）；做「買方」則本小，風險有限，獲利無限，但若不會操作則必賠。

五、基金、外匯（幣）族

這兩個族群在國內有相當大的比例，其大多屬於保守、穩健、資金較多的族群。

很多人都會誤以為這兩種投資很好賺。沒錯！會賺的人賺翻了，但真正贏家不到一成。然而輸家比例也非常高（長年賺賠統計）。而以我「專業股市投資人轉戰『外匯』領域」的身分來說，10年來得到甚多的贏家獲利經驗，也認為長線投資優於短線投機。在此，我想以專業良知說明一個事實，如果你能學通技術分析，以長線心態投資，那麼你會認同我的看法；這個看法是，「精熟的技術分析，可以幫助投資基金或外匯者，找到很好的趨勢買賣點」。

六、多空投資操作族

很多投資人都會茫然自己究竟是不是要當個「放空族」或「多空雙向族」？以我近二十年的專業實務經驗與廣泛而豐富了解，**知道投資人最好是擁有「放空的技能與膽識」**。

當然你可以不必做個短線放空族，但至少要在大跌波、空頭趨勢中勇敢精準地放空操作，**在空頭放空當然能賺錢或大賺**；否則若你不會放空就會一直在空頭時「作多、攤平與搶反彈」，這絕對會讓你深陷危險的賠錢與陷阱，而且不是只有一生的一次，**而是一年會有好幾次的「空頭慘賠陷阱」**！你每一次都能幸運地逃過嗎？還是可

能一次就慘賠了？有經驗的投資人都很清楚答案！

我對投資人非常的了解，**也很懂得如何使投資人改變這心理障礙（恐懼）**，最簡要的方式之一就是，先做紙上模擬操作，培養放空的膽識與初步技巧……。

多空操作族的功力重點即是「掌握多、空的趨勢與轉折」，進而會走向「多空一條龍」的點石成金功力。阿里巴巴的「芝麻」開門寶藏密語，知道後大家都會說：「那麼簡單，誰不會！」投資人的心態都幾乎如此，**輕易知道某一個或一些「關鍵的重要技巧或經驗」，往往會不屑！唯有那些渴望追求者才會珍惜！**

「多空一條龍」的操作觀念即是，去除雜亂的盤整，**只做清楚而安全的波勢**，如何研判清理過濾與掌握，確實是需要相當的技術功底，以近期代表之個股即如：泰豐（2012）的狂飆（前文已述）、黑松（1234）、基亞（3176）……。上述個股之重點即是在安全的「趨勢」上一路上漲或大漲中不要理會繁瑣的小拉回，這是最簡單的觀念。

第 **3** 章
基本分析的
入門祕訣

一、基本分析的4大領域

1. 公司的財務報表（基本分析的主體）。

2. 產業的景氣循環。

3. 股東（團隊）結構與老闆的人格企圖心。

4. 大環境的多空因素。

二、基本分析的3種內涵

◎基本分析可依投資人的不同，而分為3種內容：

1. 詳盡的基本分析：適用大長線的投資族。

2. 重點式之基本分析：適用中線的投資族。

3. 炒作題材：適用短線的投資族。

三、詳盡的基本分析

內容包含財務報表的四大結構：損益表、資產負債表、股東權益變動表、現金流量表，及相關的經濟、金融、外匯、貿易等多項指標。研究的目的是要知道：公司財務穩不穩、經營效率高不高、獲利能力強不強、成長空間大不大、ROE 是否理想，以便從中尋找值得大長線投資的潛力股。

需要這種全套式分析的代表人物是股神巴菲特。國內除了一些法人的財經幕僚或會計師看得很懂以外，一般投資人根本是頭暈眼花。即使有些法人或基金經理人看得懂，那又為何許多財務出問題的地雷股，常會炸到法人甚至會計師？

簡單一句話，你再怎麼懂，也搞不贏上市公司的做假帳！如果你已進行「自我投資定位」，不是此一大長線的投資族，則不必費心摸索。

四、重點式的基本分析

此內容是將上述的繁複動作予以重點化、精簡化。這種研究方式的代表人物是全球最佳基金操盤人—彼得・林

區；國內基金法人亦大多如此，即非常重視成長率。

試想，基金也常在這個月買沒多久就賣出了，他們哪還管什麼財務分析多好多好之類的東西？！但如果真要做中長線投資操作，這種重點式的基本分析一定要下功夫去搞懂，才會有很大的利潤出現。天下絕沒有不勞而獲或不下苦功而能成功的事。

五、炒作題材式的基本分析

這是屬於「威而剛」式的基本分析，對短線操作非常有效。我常說：「不必跟股票談戀愛，雙方達到目的就好，看對眼就上（搶進），看錯速閃！未來有多好，那是以後的事！」例如101年9月黑松（1234）炒作「拍賣市中心土地」題材，炒到大飆一倍，待正式拍賣高價賣出後，股價竟暴跌！這就是「股市」！若股價在月週線下跌（跌勢），我就是不買，甚至還放空它（所有空頭之個股）。

投資人冷靜想想，很多的績優股平時都不怎麼動，但一經「題材炒作」，媒體、專家天天喊有多好，股價就一直線衝天直飆，不是嗎？

第 4 章
基本分析的
實戰操作重點

一、營業收入

這是公司的「血源」。營業收入若連兩季上升或大幅成長，能達50％以上者，為強勢潛力股。若只小升10～20％左右，通常不具炒作題材，但對長線投資族仍是好訊息。**若營業收入比上季及去年同季相比，皆開始下滑達20％，毛利也下滑，此股宜退出不做，預期壞訊多半會在未來浮現。**

營業收入雖增加，但若毛利逐季下降，是產業循環熱絡末期之徵兆；當營業收入逐季下降，其實股價頭部已形成，且已開始下跌。例如上銀（2049）在100年7月狂飆10倍到400元後，做頭下探 "2" 字頭，皆與此密切關連。

二、營業毛利

我們可以明顯發現，一支強勢黑馬股的最大特色即是「高毛利」。例如之前的大立光（3008）、聯發科（2454）、宏達電（2498）等等；毛利在四成以上、屬高毛利，若本益比在十倍左右內，都還是理想的安全介入點，一般而言至少還有一倍或五成左右的上漲空間，但這要看「時機點」。

如果毛利在一～二成，通常不屬黑馬股，但若營收大，EPS 也大，且本益比在十倍左右，也是很好的個股。

毛利由高峰逐季下降，代表激烈競爭；但若營收也逐降，則是曲終人散的開始。宏達電在 1300 元做頭即是。

三、業外損益

「業外損益」也常是個股漲跌的關鍵點。 有些公司本業獲利很好，但業外卻大賠。有些本業不好，卻靠業外收益飆升一大段。因此投資人宜注意「公司即將發生的潛在業外損益」。

一個績優公司股價卻不斷盤跌，尤其是明顯與其獲利

極不相稱，且法人大戶不斷賣超，這通常是潛在業外損失之利空。例如數年前的中信銀。

四、每股盈餘（EPS）

每股盈餘是衡量一個公司獲利的最重要指標。投資人最好用類股族群來做內部的自行比較；例如主機板所有的公司互比，立可分出優劣與高下。

每股盈餘要與前一、兩年之同期比較；如果是成長，表優良，如果是衰退，表危訊。每股盈餘大幅成長80％以上者，多有機會成為黑馬股。

五、本益比

每股賺5元，股價在100元（100÷5），等於本益比20倍。本益比20倍是股市普遍認知的合理價，但類股卻有所差別，**且在多空市場時又有不同的標準**，空頭時條件趨嚴。

像是電子股飆到本益比40倍，大家還常常搶成一團；然而一些績優傳產股如統一（1216）、台泥（1101）、中鋼構（2013）等個股，其股價有時在本益比五至十倍左右，卻常不受市場重視。

　　操作一支本益比二十多倍的熱門黑馬電子股，不要害怕！只要該股產業景氣還在主升段、或初升段，且法人主力還在大買超就可以緊抱著；直到週線（中線）趨勢指標轉跌，才選擇出場。雖然這可能要抱上數個月，但往往獲利會在五成以上，此只限在大多頭市場。

六、股東權益報酬率（ROE）

　　「ROE」因為是股神巴菲特的選股標準（法寶）而頓時紅了起來！在這之前，國內投資人與專家，根本很少提及什麼ROE。不過這簡單的三個字母卻是巴菲特的致富武器！

　　長線投資族可根據它找出欲投資的各類股。你可觀察ROE連續兩年在20%以上的個股（假設列出排序共15支）；然後再找出其產業在初升段或主升段之前段的個股（假設最後選出5支）；最後再經本益比比較，而挑出2至3支當做「財神」，好好地照顧它們。

　　短線投資族則不必傷這腦筋，只要專攻具炒作題材的個股即可。

　　＊ ROE計算公式：稅後淨利 ÷ 平均股東權益淨額。

七、殖利率（如何成為專攻殖利率的贏家）

股利分為「股票股利」與「現金股利」；殖利率是以「現金股利 ÷ 股票市價」。一般殖利率在 10% 以上，即屬高殖利率（等於銀行定存的接近十倍）。操作技巧是：當公司發佈股利訊息時，若大盤及該股在跌勢中，則不急著買，待止跌才買；若在多頭上升中，則可速進，往往會大賺股利（現金），又賺股票差價！

八、上述基本分析之再叮嚀

上述各資訊每個月或每季都會公告，投資人必須要有股市電腦專業軟體，才能連續性地追蹤與分析。通常在某一個有大利多的資訊，如：「每股盈利比上季成長50%，又比去年同期成長60%。」公告時，當日股價必強漲。只要該股不是已大幅上漲，而是在主升段中，即可立刻追進（但還必須參考法人動向）。

我要說的是，通常在此利多公告前，法人大戶早已不斷佈局（買超）。市場上消息快的人多的是；只要從電腦中追蹤法人大戶動向，你也會有很好的「機會」。而我為了方便自己的研判，特將我的軟體操盤系統設定了「主力密碼線」，效果甚佳。

第5章
技術分析是
邁向億萬財富的最快捷徑

一、為何成為贏家一定要懂得技術分析

　　我很清楚國內投資人與專家明顯分為兩派，一派是基本派（篤信基本面或相信基本面是致勝主體）；**一派是技術派**（篤信技術面，深信技術面是萬能，或相信技術分析與籌碼分析是致勝主體）。

　　有些人能兩派相融，有些人則明顯鄙視另一派。**而我自始至終都屬於「技術派」，但我並非迷信技術萬能。**前面已詳盡分析長中短線投資人要如何調配，運用基本分析與技術分析，這就是投資致勝的關鍵！

　　而華爾街投資大師康拉德‧萊斯里也說過：**「成功的交易取決於75%的技術性工作，與25%的基本分析。」這是投資操作的經典名言。**

　　民國78年，我讀過一本股市大師朱成志在當時紅透半邊天的暢銷書，「漲跌之間——進場操作策略」。其書中有兩個標題實為神來之筆：一是「市場主力來點火」，另一個是「基本分析是藉口」。其內容真實而精彩，亦堪稱股市的九華真經！

　　舉例說明。一個基本面很好的個股2498宏達電（3G、智慧型手機題材），上市3年，股價一直在110至130元上下盤整，本益比也一直在12倍左右（股價被低估）〔如圖26所示〕。如果你是以「基本面」選股，是要免費「住套房」3年的。（不過我想，在剛上市時以高價274元買的人，可能

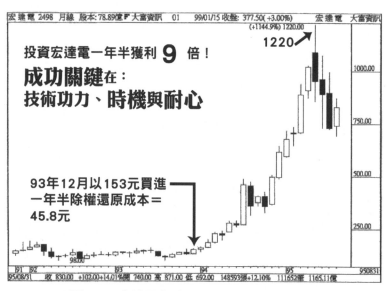

圖26　宏達電投資一年半可暴賺9倍！

早已認賠賣出了！）

至於講回「技術面」選股這方面，則有以下幾個思考模式：

1. 當時宏達電股價（月K線）屬長空趨勢之打底型態，所以贏家不可能進場買進。

2. 從籌碼分析，清楚知道法人大戶還沒正式大量進場，當然贏家也不會跟進。

3. 到了民國93年12月，從技術面發現三個中長線投資機會。

<u>買進訊號：</u>

● 6MA（6日平均線，月K線）由跌轉漲，同時24MA也開始由底轉漲。此時在線型上已完成隨時可大力漲升的基礎，一切就只欠「東風」（炒作題材）了。

● 股價上升的動力來源「成交量」，終於在上市三年後出現「主力進貨大量」連續兩個月之久。當時股價已開始微動，此時的153元（民國93年12月）是技術面的中長線買進點。

● 發現當時媒體已有初步炒作跡象。因此只能用一句

話形容後來景況:「難以置信!」因為之後的股價由153元一路狂飆到1220元成為當時的股王。

回頭想想,你要用「基本面」投資熬三年(當時多數投資人早已認賠出場)?還是要用快捷的「技術」策略賺取暴利?亦即「鎖定上述的績優電子股,當『發動』時才全力切進,而獲利是『17個月暴賺9倍』!」(含除權配股配息)。記得一句衷言:「學得一技,一生富貴」!

二、宏達電再飆漲又暴跌之關鍵

上述是宏達電在96年時的初次狂飆9倍!第二次的狂飆起點是99年3月18日。當天正式由底部完成,攻過關鍵的半年線收在350元,**結果一路狂飆到100年4月的天價1300元〔如圖27所示〕**,漲幅高達2.7倍!若含除權還原(等於是加上配股配息),則是漲幅高達3倍!(投資期間只一年!)

如果投資人想買到「績優股」且是在打底完的「起漲區」,同時在基本面的「財報轉佳」,更好是「技術面的起漲臨界點」……,你可以將上述條件與指標公式—輸入在電腦的「程式選股」或「智慧選股」平台中。

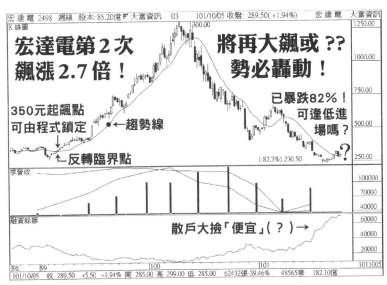

圖 27　宏達電的走勢全國法人散戶正關注中！

　　例如99年3月18日使用「底部轉強股」條件，可聰明而飛快地選出，**且只有四檔（質越精越好），其中第一檔即是宏達電**〔如圖28所示〕，當天果然是法人大買超，且在波段與趨勢同時的「反轉臨界點」！從傳統的技術籌碼面來看，3月時三大法人明顯大買超，同時股價正式由底轉上突破關鍵均線（月K線）與「向量趨勢線」，加上基本面的財報從3月起皆亮麗與爆發力……，終於一舉再狂飆3倍！

F2:欄位排序 F3:選擇日期 F7:選擇類別　DEL:刪除股票							
超級王牌選股			日期:1011005(000)		筆數: 1/4		
代號　股　名	項目十一	項目十二	項目十三	項目十四	項目十五	項目十六	項目十七
[日線] [4 底部轉強股 回朔日期:990318]			********				
2498 ●宏 達 電 ✓△350.00		341.34	1.00	1.00	346.38	349.87	0.97
3526 凡　甲	95.50	88.09		1.00	88.25	89.41	0.97
3573 穎　台	221.00	200.95		1.00	199.52	198.11	0.97
8299 群　聯	242.50	233.52		1.00	239.10	243.64	0.97

上述之宏達電自3月18日選出後即一路大漲！

打「✓」：黑馬飆股（是日後確認之勾記），本個人程式僅供參考。

圖 28　精細的「程式選股」可幫投資人快速獲利！

100年宏達電為何崩跌82%

為何宏達電會由1300元（上次95年飆漲的最高點是1220元）快速崩跌到230.5元？跌幅高達82%（其間含2次除權息）！會崩跌主要原因之一就是，成長率趕不上股價的上漲率，因而在4月創新高1300元後，**法人大戶即在5月時趁高峰頂上（本益比已在42倍）開始不斷出貨**，即使當時許多媒體上看1500元甚至1800元，結果竟在一年半之間下探230.5元，從電腦上看，法人群是一路大賣！

宏達電的最高價1300元是在100年4月，自5月起外資就開始非常明顯的大賣超（當月賣超1.3萬張），接連不斷大賣狂賣。請問投資人，你們認為宏達電的大股東及董監事們是在此刻大護盤？或早已在最高價區開始「調節」？

許多投資人不斷在宏達電大跌在800、500的時候一

路買或攤平，何時能解套？何時會「谷底轉上再飆」？切記，不要在跌勢時作多（只能放空或觀望），**當然更不必「在跌勢中期待趨勢的反轉」**！我心中自有研判之「未來最低價」，相信與眾法人及散戶們的看法是不同的。

三、如何學好技術分析與操作工具

不論投資人是做長、中、短線的股票投資或基金、外匯，皆必須要懂得技術分析；若是短線操作，則更要精通技術分析。而選擇一套很好的軟體是很重要的；例如萬寶龍、大富及精誠……就是知名且很適用的工具。**真正專業的投資者是非常重視軟體，因為這是他們在戰場上的利器，猶如明星藝人阿妹為何那麼重視她的「小白」（價值百萬的麥克風）。**

至於要做的功課，每天早上必看經濟、工商、聯合、中時等報章，而週刊如先探週刊、萬寶週刊……等專業雜誌則值得參考。將上述媒體資訊配合軟體技術分析與籌碼分析，投資人就會找到很多意想不到的好股票。

很多投資人都想學好技術分析，可是都不知道要到哪裡學，自己看書又有一堆問題不知該問誰，因此很多人往

往因為不懂就放棄，或學不通就怪技術分析不靈！

要想學好股票操作，我建議投資人應自我進修。市面上有些專業技術分析的書籍還不錯，**但也有很多是千篇一律的技術理論或花拳繡腿**，所以，書籍的挑選很重要。還有一些投資人很上進，他們還會另外花錢學些專業功夫；只是，結果往往會出現以下三種情況：

第一，是花大筆錢（10萬以上），學到一堆深玄理論，**對實戰操作根本沒用。**

第二，是花幾萬元學到一些功夫，運氣好的學到真正好功夫，運氣差者學到的還是一堆技術理論，只是花拳繡腿罷了。

第三，是想以兩、三千元就能學會少林功夫，這種觀念已是宿命（不知智慧價值），神也幫不了他！

股市教學市場我很清楚，很多人寧可在股市裡賠個幾拾萬、幾百萬，**卻捨不得花點錢買個「智慧財產」，找個好老師學點紮實技巧**，天天只想打聽明牌、碰運氣。這種心態註定是股市輸家。

美國的華爾街操盤冠軍舒華茲是分析師，以他最擅長

的基本分析做選股操作，卻年年賠錢，後來他改變了策略，以「技術分析」為選股操作基礎。同時他開始勤學技術分析，並請了當時有名的技術分析高手佐爾納做指導（老師）；這個舉措讓他從此邁向億萬財富的人生大道。

技術分析是股價漲跌之分門別類的統計分析。其表象的分析有：線型、趨勢、Ｋ線、均線、成交量；內象的分析有：多空力道的強弱、投資心理的變化、人氣的旺虛、掛價的心態、趨勢的能量、波段轉折的參數、波峰波底形成的結構、籌碼面的法人主力動向與融資變化等。這些種種，因此衍生許多技術指標。

技術分析的廣泛與深奧，絕非一般投資人想學即懂，它的難度猶如迷宮中的迷宮，絕大多數投資人與專家或老師、大師，一開始方向走錯，很容易就導致失敗。

四、我的研究歷程——萬里長城計畫

在從事證券投資業以前，我的工作是企劃分析。我的個性特質是心細且善分析。

我共讀過一千多本以上的股市金融理財及技術分析之類的書籍，所以甫轉入證券營業員及投顧（萬寶投顧）老

師時，我的業績即能立刻站穩，並急速向前衝。**然而在技術分析的研究與操作上，我同樣遇到過許多挫折與瓶頸。**

　　我知道不會有任何人給我正確的答案。於是我進行了一項「股市萬里長城」的超艱鉅研究計畫。

　　首先我把所有的技術指標，如 KD、MACD、DMI、波浪理論等技術指標，一一以程式驗證，找出其「準確區」與「盲點區」。

　　其次是將股市自民國51年起的大盤月線、週線，及76年起的日線，與近三年的分時線，找出近萬個波段反轉點與多空趨勢，然後用程式參數分解，再一個個用人工判讀的再組合與再驗證。至今列印及影印之研究稿早已可堆到天花板！

　　結果答案終於出來了！我發現波段具有「能量」，而月、週、日、時、分的波段能量與轉折，皆有其規律（程式）可依循。

　　另外，我把 KD 依強弱及功能分為38個座標，同理也將 MACD 分為66個座標，DMI 分為96個座標等等。而每個座標的 KD 指標，亦有不同的能量與功能。

　　進萬寶投顧時，我有一個很大的願望，那就是：「我如果能把 KD、MACD、DMI 等等技術指標的相互使用功能搞懂，那該有多好！」結果再精研五年之後，我終於完全弄懂了。我在「技術分析課程」中，將會分享我心血研究的結晶。而本書之內涵，已可使讀者感受到明顯地異於同類之理財技術書籍。

五、對投資人研習技術分析之建議

　　前面所述我已把技術分析的指標及理論，進行全部且徹底的翻遍與驗證，同時亦自行研究過近萬個大小波段與轉折。因此，十多年的專業實戰與研究分析中，我累積許多寶貴心得提供全國廣大投資人參考。

　　技術指標有近三十多種，投資人不必費心去學的指標與理論有：RSI、波浪理論、費波南希理論、黃金分割率、甘氏角度線、開盤八法、乖離率、寶塔線、威廉指標、震盪指標 OSC 等等。因為上述指標與理論精準度不夠（精準度只在三至五成內）。

　　投資人只要專心學好：KD、MACD、DMI、平均線、成交量、K 線、趨勢與型態（線型）等 8 種。先學單一指

標的使用，**再學組合式使用**，如 KD 加 MACD，KD 加 MACD 加 DMI，DMI 加線型等等。只要精懂上述指標的使用重點，將在股市及金融投資方面無往不利。**如果投資人不知道如何使用指標的組合研判，則不妨多向有經驗的專家請教。**

第 6 章
盤前操作準備與
盤中的應變

一、為何要做盤前準備

　　股市如戰場，更何況股市瞬息萬變。如果你是個短線波段的投資族，在盤前做好準備是非常重要的！

◎盤前準備是很重要之例證1

　　大盤昨日留下了長上影線，法人大戶大量賣超，且技術指標已轉跌。那麼今天的盤前準備就更重要了！例如手中的股票如何處理？或手中若有期指多單該怎麼辦？

◎贏家的建議作法

　　如果大盤只是波段上升的即將回檔，手中若持有的是強勢黑馬股，則續留；但萬一盤中跌破某一關卡，則暫退出，待過幾天找低點再買回；若盤中該股神勇，則請你抱緊；不過萬一是弱勢股，則宜速出，否則準沒好事！

　　我在技術操盤的教學中，對學員提示時非常重視這點，也有相對的因應戰術。**如果你沒做好盤前準備，若盤勢突然（經常）變化，原本看多、卻開高後一路下殺出量，投資人大多會措手不及，以致操作錯誤，增加賠損。**

◎盤前準備是很重要之例證2

　　若沒做好準備，你可能會導致以下失誤！**例如：應停損、卻沒停損，應把握機會反手放空、卻錯失機會**；沒注意到大盤只是「洗盤」，跌到某強力支撐區必會再上漲，而你卻殺在最低點；又或出現不尋常大賣單不斷摜壓，你卻對「萬一殺破某個重要關卡、將會引發大跌」沒有心理準備等類似慘狀發生。

◎贏家的建議作法

　　有準備的投資人，卻有把握在鐵板支撐區加碼作多黑馬股。差異在哪，不言而喻！

　　總而言之，為了避免開盤後、盤中的急拉與急殺，會使得你手腳慌亂、腦中一片空白，建議你一定要做好盤前準備。

二、盤前的各項準備與分析

1. 每晚電傳資訊後，研判明日大盤可能走勢

例如大盤是在日線 KD 下跌、但週線 MACD 仍上、且日 K 線在 10 日均線上時，今日大盤雖收小黑帶下影，但三大法人並沒什麼賣超，因此在技術面研判，明日止跌上漲的機率大。

同時你必須將手中個股詳細檢查，記錄壓力價、支撐價、停利點與停損點（這兩點是隨股價而變動）；同時檢查這些個股的法人進出與技術面情況。**若某股今已出現法人大賣超且技術面轉弱，則明日出；另找出法人今日大買超且線型轉強之個股，待明日找機會切進。**

2. 早上盤前的再次資訊蒐集分析與對策

台股對美股可說是形影不離，因此盤前必要研判：「美股收盤對今日台股走勢的多空影響」！例如，**昨已研判今會止跌轉上，而今早美股收中紅，且在多頭趨勢中，因此今日大盤收紅上升之機率更大，可照原計畫做。但若美股收中黑、跌個百點以上，則今日大盤基本仍是回檔格局，但要注意跌破 10 日均線之可能，而若要跌破 10 均線的可能**

前兆是來自於「開盤及盤中的賣壓」。

如果今日開盤之委買張數除以委賣張數得的值在0.7以下，且每筆平均買張小於每筆平均賣張，這表示今日賣壓大，宜慎！而如果盤中大筆賣單不斷出現，則今破10日均線之機率即很大。很多投資人見開盤上漲，就和朋友哈拉起來，沒多久突然（經常）大盤急殺火燒屁股，才慌忙殺出股票，這都是沒做預警的下場。

早上要蒐集的資訊很多，除美股外，還有法人新動向及重要報告，以及一些個股多空資訊。多看報紙一定是對的！我常在報紙或電視報導中，找到很多黑馬股；重點是當有利多訊息時，表示公司派或法人主力準備炒作，因此你必須趕快判斷技術面及線型與籌碼分析，如此做效果不錯，只要風向（順勢與運氣）對，幾乎是大賺小賠。當然也可就此判定是否是法人主力藉利多出貨。

三、盤中的應變

◎短線操作的投資族，在盤中一定要注意以下8點

　1. 委買賣張（筆）的增減變化；

提醒投資人，近年此「委買賣張筆」，很明顯有人為做假（虛掛），因為電子大筆下單之故。

2. 在大盤漲跌之間，其「量」的變化很重要！

● 拉升無量→它代表不好、將回跌的狀況→**很確定！**

● 上升有量→它是好的狀況→**立刻切進！**

● 下殺無量→是洗盤、會再上→**多單抱牢！**

● 下殺有量→壞！短線仍有下探機會→**切忌往下攤平！**

3. 日 K、D 同上時，盤中回檔不必理會，切勿亂放空（因其"必軋"！）；若 K 值轉跌、而 D 值仍上、5MA 也上，多單應抱好，但在壓力區時則宜慎！

4. 手中個股是否與大盤同步？若相對弱勢且在壓力區，宜出！相對強勢、則抱牢！

5. 指標股是否仍強或已輪漲？

6. 在大多頭時不要自己嚇自己，因驚嚇關係，盤中一陣下殺你就跟著殺，這樣是不對的。注意 MACD 若在上升中，即沒事！

7. 日、陸、港股動向如何。若日股大漲，即使台股稍弱也不要亂放空。台股是個「很沒主見的小跟班」，常是跟漲乏力，跟跌卻很死忠！

8. **只要盤勢不強，上升到壓力區或壓力點，期指或個股皆宜先出；反之，只要賣壓不大，當跌近支撐點時，期指或個股空單宜先回補，這種盤往往會像瘋狗浪、突然急拉軋空。**但若在中長線多頭走勢，建議不要做短線，大膽出國旅遊幾週，回國後，還會多賺好幾趟出國旅遊的旅費，這種機率亦很大。不過萬一你不懂技術面，誤把跌勢反彈當「多頭反攻」（因為你很可能是受媒體股市名嘴影響），然後安心出國；那麼回國後，你就可能要常跑3點半了。

第 **7** 章
如何做好
贏家的資金控管

原則上，中長線多頭資金，可使用在70%（30% 資金為備用之續命仙丹）；短線多頭資金只宜用60%（40%備用）。特別注意，使用融資者，只能以上述之70%（或60%）之使用資金再減20%。

一、資金控管

一般投資人在做股票或期貨時之金融投資時，很少人會做「資金控管」，事實上目前國內的投資理財書上並未見有此類的詳析。而國內的投資人更少有人知道如何進行資金控管，也因此常陷入股海深淵。

資金控管的四大要點

1. 留下三成的備用金（續命仙丹）

股市及金融市場瞬息萬變，如美國的911，台股的兩國

論、SARS、國際金融海嘯、歐債風暴……等。即使你再怎麼準，再怎麼有把握，留下三成資金做「救援部隊」一定值得、也絕對必要。（主升段時可預留兩成半）

2. 按獲利、風險與變數值比例投資

股價（含商品期貨、外匯……等）在低檔區，相對風險小，直到指標轉上、變數才減少，同時獲利值開始增加，這是最佳投資機會點，應大力買進。確立主升段時、全部下注（不含備用金）。到頭部區，風險及變數急增、且獲利值下降，即獲利了結。即使股神巴菲特也是遵從「投資獲利定律」而執行。一些投顧老師動不動就帶會員「十成多單買進」、或「十成空單放空」，這種可怕愚賭是大賺還是慘賠？會員最清楚！

3. 看準就下大注

巴菲特與索羅斯這兩位投資大師在自述中曾特別強調此點（看準就下大注），也因此能經常「大賺小賠」。反觀國內投資人，初升段以為是反彈出現而不敢買，主升段想等拉回，末升段卻在市場一片熱絡之中下大注（雖還會漲、但漲幅已小，同時風險與變數卻增加數倍），結果多是翻船慘賠。

4. 嚴格執行停損點

所謂「停損」，是指當行情走勢與自己原先預期相反時（如作多卻跌，作空卻漲），投資人應及時自我了斷。**然多數投資人甚至法人、主力，都「難以自我了斷」（執行停損）。這是贏家與輸家之別。切記！不敢執行停損者，永遠都是輸家，許多專家、老師皆如此。**

二、各波段趨勢的資金控管

1. 中長線投資族

在時機與技術面的買賣點，前幾章已詳述過。投資前要先研判波段的座標（如初升段、主升段、末升段、頭部、初跌段、主跌段、末跌段、底部），**如附圖之「大盤波段走勢八極圖」〔圖29所示〕。操作策略如附圖之「操作策略循環圖」〔圖30所示〕。**

基本上，若預判是中長線多頭行情，則在初升段即可投入七成資金，待主升段發動，可再加三成，即100%投入（續命仙丹的30%備用金，平時請用定存鎖緊，不可手癢動用）；到了末升段，先將資金退出三成，待頭部確立、則將剩下之七成資金全退出。

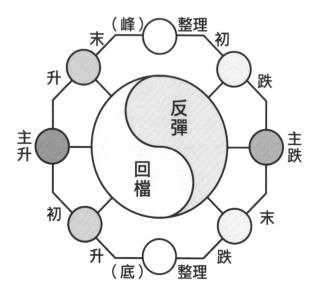

圖 29　大盤波段走勢八極圖。

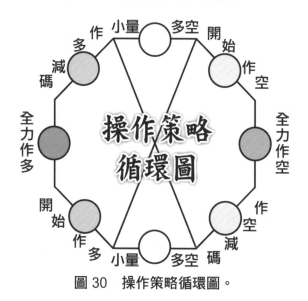

圖 30　操作策略循環圖。

上述僅為預期之策略。惟天有不測風雲，只要中線（週線）跌破趨勢線，或指標由多轉空，即速停利或停損出場；敢放空者、則可順勢放空。提醒：長線投資者，主以「月線」指標進出。

◎實例波段循環說明

「多、空波段」並非每一個漲跌型態都完全一樣，但嚴格來說，皆有其共同相似之處，這裡面含有非常多與非常深的奧祕。**可將波段依座標與結構簡分為28個基本型**，其中又以國際金融業最通用也是最主要的標準波為代表型，以實例波段說明如後〔**如圖31所示**〕。

初升段〔**如圖31之 A 所示**〕，開始作多；回檔〔**如圖31之 A-1所示**〕；主升段〔**如圖31之 B 所示**〕，全力作多；末升段〔**如圖31之 C 所示**〕，作多減碼；頭部盤整區〔**如圖31之 D 所示**〕，小量短多空操作。

當波段開始反轉為空頭時，可以由技術指標與趨勢線研判得知。初跌段〔**如圖31之甲所示**〕，開始作空；**反彈**〔**如圖31之甲 -1所示**〕；**主跌段**〔**如圖31之乙所示**〕，全力作空；**末跌段**〔**如圖31之丙所示**〕，作空減碼；**底部盤整區**〔**如圖31之丁所示**〕，小量短多空操作。

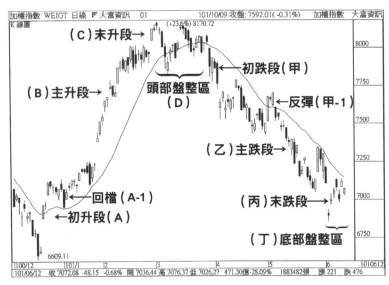

圖 31　以101年之實際波段多空循環標示。

2. 短線波段投資族

　　基本上，若預判是短線主升段，可將原本只能使用之 60% 資金，提高為70%，同時不要再亂衝短線，否則大盤常會急漲個數百點，你卻天天換股殺來殺去，結果一毛也沒賺到。

　　當短線指標轉上，即趨勢轉上時（如 KD 或 KD 加 MACD、或 ADX），即可動用可用之資金投入五到七成，次日或過幾日行情若如預期，則再加三至五成，即可動用之

波段資金已滿水位（不含備用之資金）。

在盤局（以民國101年8月中旬左右之行情為例）上下的200點內，資金宜只使用五成以內。這種盤局是中長線投資族空手觀望，或出國旅遊的最好時機。

短線投資族的停損點，基本上是以日線的10日均線之跌破為準。然而以10MA為簡式之停損判定，現實機率只在五成左右，也是其最大的機率；至於其它五成機率是跌破5MA與20MA。以跌破某MA為跌損，在實務上有不少盲點；例如破了又上，或破了兩、三次才跌，這些盲點近六成都可用技術指標修正。

由於股價線型波段千奇百變，對一般甚至專業的投資人有莫大的研判困擾與盲點。我經由電腦程式研發多年的一套股價波段多空轉折系統，可大大免除投資人費時研判且易錯的困擾。

第五篇

股市操作之
技術功力自我評量

Stock Market
Strategy.

第 1 章
中高級班
技術分析評量

　　下列20題，每題5分，**若答對（會）14題（70分），表示你已具備專家的潛力，繼續加油；若答對（會）18題（90分），則技術功力保證已贏過檯面上所有專家名嘴；若低於70分（答對14題以下），則宜速加強技術功力之研習，或找專家請教。**（註：評量時間標準為15～20分鐘）

1.（　）下列哪個指標或理論，在實務操作上非常實用，且有相當的精準性？

　　（A）波浪理論（B）RSI指標（C）費波南希理論（D）葛藍碧平均線理論（E）黃金分割率

2.（　）下列哪個指標準確度最差？

　　（A）KD（B）RSI（C）MACD（D）DMI（E）都不錯

3.（　）在短線波段操作（作多），哪個條件最重要？

（A）淨值比（B）ROE（C）本益比（D）主力法人大買超（E）純益率

4.（　） 如果昨天收盤一支個股線型好，ADX 上升，大量收長紅過前高且法人大買超，今早報紙有利多消息，今日你的操作是？

（A）小心法人藉利多出貨（B）掛低價買（C）先保守觀望（D）開盤就放空（E）開盤前掛市價（漲停板價）搶進

5.（　） 在均線多頭排列，且月線向上交叉季線，當 KD 值由50上升到高檔區之88時，此刻盤勢屬於？

（A）超買，作多宜慎（B）超買，當 KD 交叉向下是賣點（C）KD 若在高檔第二次交叉向下是反轉下跌可放空（D）超賣，可以全力作多（E）以上皆非

6.（　） 在多頭漲勢，KD 在高檔（80以上）交叉向下，ADX ＜＋ DI，且 ADX 上升，此時該？

（A）賣點，多單立刻出場（B）賣點，速反向放空（C）開始盤局（D）超買，不要追多（E）以上皆非

7.（　） 在空頭趨勢，KD 由50下跌到15以下，且 ADX 上

升，當 KD 交叉向上，是會如何？

（A）大反彈波買點（B）反轉為多頭之買點（C）橫盤波（D）橫盤偏跌走勢（E）弱反彈，會再下跌破底

8.（　）日線的 MACD 下跌且在 0 軸之下，且 20 日均線下跌，但 ADX 上升且 KD 上升，你的操作是？

（A）仍不斷作多（B）開始作多（C）跌勢明顯，仍作空或空手觀望（D）小量逢低作多（E）盤局波，多空皆可

9.（　）MACD 的快慢兩條線在 0 軸之上同時上升，且 ADX 上升，當 KD 自高檔首次交叉向下，這是？

（A）多頭回檔（B）多頭反轉向下，多單宜速出（C）開始盤局（D）大跌前兆，宜保守（E）短空，可放空

10.（　）股價的多空趨勢，主要是看哪個指標？

（A）RSI（B）KD（C）MACD（D）DMI（E）OSC

11.（　）一般日 K 線的趨勢線，通常是指哪個均線？

（A）5 日均線（B）10 日均線（C）20 日均線（D）

30日均線（E）60日均線

12.（　）股價在低檔橫盤時，ADX 值通常會在多少？

（A）20以下（B）20～30之間（C）30～40之間（D）40～50之間（E）60以上

13.（　）波浪理論在短線的實務操作上之進出效果如何？

（A）實用性很高（B）搭配 RSI 更好用（C）配合費波南希理論更佳（D）比 KD 之進出點準（E）不實用

14.（　）股價在10日均線下跌之下，且 MACD 下降在0軸之下，且 ADX 與 ADR 上升（ADX＞50），－DI＞＋DI，當 KD 由低檔交叉向上，而股價站上5日均線時，盤勢將？

（A）開始進行反彈波（B）開始反轉上升為多頭（C）走橫盤波（D）只是弱小反彈，股價仍會再下探（E）因趨向指標的ADX大漲，所以會大漲

15.（　）在空頭大跌勢中，下列何者正確？

（A）ADX上升（B）MACD上升（C）ADX下降（D）ADR下降（E）ADX＞－DI

16.（　）何謂真正的黃金交叉？

（A）5日均線向上交叉10日均線（B）10日均線向上交叉20日均線（C）20日均線向上交叉60日均線（D）5日均線向上交叉20日均線（E）60日均線向上交叉120日均線

17.（　）你認為正確的停利點應是多少？

（A）獲利20％出場（B）獲利30％出場（C）多頭市場20％，空頭市場10％（D）獲利50％出場（E）以上皆非

18.（　）下列一哪種日K線買其獲利之機會最大？

（A）長紅K線（B）下影小紅K線（C）上影紅K線（D）大十字K線（E）下影黑K線（因是買黑不買紅）

19.（　）某個股橫盤打底整理完，主力庫存上升，週一開漲長紅漲停巨量，法人買超，週二開漲停後卻一路緩步下殺至平盤，你當下的操作是？

（A）漲停打開就先出了（B）昨日收漲停就出了（C）下殺近平盤時即出（D）今日跌破昨日長紅K的二分之一即出（E）是洗盤，仍抱緊不賣，或昨日漲停沒買到，現趁低買

20. （　）多頭高檔出現陰線吞噬 K 線（開盤高於昨日高
　　　點，收盤低於昨日低點），量大於昨日，ADX 值
　　　是 16，這盤是？

（A）多頭將回檔，仍會大漲（B）將回檔整理
（C）回檔快速洗盤（D）將反轉大跌（E）拉回找
買點

答案請見第143頁

第 2 章
專業贏家班
技術分析評量

　　下列20題，每題5分，若會14題（70分），即你已具備贏家潛力；若會16題（80分），你常是股市贏家；**若會18題（90分），你必是穩定的股市大贏家，若會不到14題（70分），則宜速加強精研。**（或找專業贏家研習，則可滿分）。（註：評量時間標準為20～30分鐘）

1. KD、RSI、MACD、DMI、OSC、寶塔線、威廉指標，哪個指標對短線操作最適用？哪個指標是專門判別波峰與波谷？準確度％？

2. 理論上 KD 在底部（20以下）背離轉上將大漲，為何股價（或指數）卻常仍會再大跌？理論上 KD 在高檔（80以上）背離轉下將大跌，為何股價（或指數）卻常仍會再大漲（或軋空）？

3. KD 為何會在高檔（或低檔）鈍化形成盲點？如何預知 KD 將鈍化？在鈍化時，有哪個指標仍可明確地研判波

段的方向與轉折？

4. MACD 的理論，DIF 由下向上突破 MACD 是買進訊，卻常見突破後股價（或指數）即反向下跌，為什麼？

5. 在股價多頭漲勢中，理論上 DMI 的 ADX 由上升反轉向下是代表上升趨勢將結束（將轉跌），但實務上卻常見股價（或指數）回檔後再創新高，為何？

6. KD、MACD、DMI 指標的最精準參數是多少？四者（含20日均線）之能量大中小如何排列？

7. KD、MACD、DMI 在相互漲跌中，如何相互運用？使精準度更高？

8. 由哪個指標的變化可預知大盤指數將有2千點（多頭或空頭）的大漲跌幅？

9. 如何由量價判斷個股將飆漲、洗盤進貨或出貨？

10. 平均線的哪個公式可判斷波段的主升段的起漲點？股價（或指數）由上升跌破10日均線，卻又迅速拉升再創新高之 DMI 位置為何？

11. 一般投資人及專業人士只知道 KD 的一種背離公式，事實上技術面有6種多、空最實用的背離即反轉的公式，是哪6個？

12. K線理論一大堆，真正最實用而精準的多、空波段反轉K線是哪6個？

13. 「停損」是投資操作的「護身符」，有哪3個最重要的停損公式？

14. 「停利」的最理想公式有哪3個？

15. 波浪理論、費波南希理論、黃金分割率究竟哪個最準？致命盲點有哪些？

16. 若買到黑馬飆股，有哪一個公式是最理想的大獲利出場點（停利點）？

17. 黑馬股與飆股發動大漲的最重要因素有哪5個？

18. 如何透過股市軟體在30秒左右找出明日的最強勢的潛力黑馬股？

19. 台指期的可留倉獲利的公式或祕訣？短線如何操作最有利？

20. 選擇權的價位最佳安打區在哪裡？選擇權的全壘打區公式為何？選擇權的必賠陷阱區有哪些？

◎第一章之答案

1.（D）	2.（B）	3.（D）	4.（E）	5.（E）
6.（E）	7.（E）	8.（C）	9.（A）	10.（D）
11.（C）	12.（A）	13.（E）	14.（D）	15.（A）
16.（C）	17.（E）	18.（A）	19.（E）	20.（D）

　　投資人之評量測驗結果已揭曉，相信大多數的投資人都對自己的得分很驚訝！這很正常（因為一定是與你的多年投資損益成正比），但切勿氣餒，**有心在股市裡成為贏家，就一定先加強自己的「技術實力」，努力研習，不懂就問有經驗的專家，才會有成功的一天。**

◎　**美國華爾街股市名言：「研究股市最快最有效的方法，就是請教有經驗的專家。」**

　　第六篇之第6章還有「能點石成金之技術聖杯」，待股市專業高手破解其密碼！

第 3 章
贏家技術分析
「打底功」之五部曲

上述兩章之「技術分析功力自我評量」，投資人測驗完已知自己的實戰功力的程度為多少。**如果不理想，切勿氣餒，透過本書我將把我的基本打底功經驗傳授給各位。**

第一部　要先有一套專業的技術分析軟體

目前市面上有許多股市專業軟體，主要分為兩類，一類為傳統技術分析軟體，除了純技術分析外，還有融資券、主力法人買賣超、基本面資訊……等。知名品牌如：萬寶龍、精業、大富、轟天雷……等。

另一類為有「買進、賣出訊息」及「選股功能」，近年來品牌在三十幾家以上，品質優劣差別很多，我很了解這類軟體的功能與盲點。

也許很多投資人會說，證券公司送的「股市軟體」是

否也算是「專業軟體」？其實差很多。券商給的軟體資料很少，且期間（K線）短，不易研究，除非你的券商給的資料非常豐富。**切記，「工欲善其事，必先利其器」！**

📈 第二部　將 K 線圖列印出來研究

　　為何要將 K 線圖（含 K 線圖、各主要技術指標、成交量，橫排成4圖或5圖）印出來研究。因為列印出來的圖，可以分類成冊地詳細研究，也可以在紙上做研究之記號、寫重點、畫線……等，而且可以隨時翻閱研究或參考。

　　如果想要打好成功的基礎，至少要列印 500 張以上研究，這種方法是最實際且快速的研究方法。

📈 第三部　練習描繪 K 線圖

　　這是最紮實的「打底功」，因為親手描繪的 K 線圖，你將會對波段的走勢與轉折有非常深刻的印象；同時再加上平均線與波段走勢的關係，**日後你對買賣的「切點」會更有敏銳度。**

📊 第四部　比較波段與成交量的關係

　　價與量一定有著密切的關連，究竟是如何影響，必須自己深入其境。**不僅是研究「日Ｋ線」，還要同時研究「週Ｋ線」、「月Ｋ線」。**如果是操作台指期的投資人，更應研究分時線的「60分線」、「5分線」……。

📊 第五部　比較波段漲跌與融資、主力買賣超的變化

　　一般專業軟體都會有融資與法人主力買賣超之資料，這兩者在波段的起漲前與上升中、結束，都會有明顯的變化，自己可以好好研究，研究出來的珍寶將永遠是你的。

　　我教過許多的學員（投資人），有照我所說的方式去努力深研的，他們當中成為股市贏家的比例很大。而學員只花很小的代價卻能吸取專業贏家的研究精髓，這種「投資報酬率」是世界上最高的。

第六篇

實戰贏家技術分析
與盲點剖析

第1章
常用K線之精解

一、長紅 K 線

　　長紅 K 線是多頭上升的明顯訊號，如果成交量大則更強，**實體紅 K 越長也越強，突破的波高點又更強！**（＊如101年9月10日之基亞3176例）。

　　長紅 K 線如果突破一條平均線或數條平均線，則代表多方攻破了空方的堅強堡壘（壓力），上升的走勢將會越強。**操作策略一定要全力作多**，千萬不可去放空或空單不停損。

　　長紅 K 線若在空頭跌勢中，則走勢不如在多頭漲勢中強勁。如果跌勢明顯，則長紅 K 線的「上升力道」抵不過「跌勢力道」；也就是說，在跌勢中出現的長紅 K 線，無法造成波段的大行情，通常只能成為小波的反彈行情。（＊如101年5月2日之大盤例）。

二、長上影紅 K 線

長上影紅 K 線之代表意義為，多方強力上攻但受到空方的抵抗壓力。此型 K 線之變數較多，**如果正將碰到上有均線壓力或前波高點，則壓回之機會大。**（＊如101年2月3日之友達2409例）。

此型 K 線之重點在「下一支 K 線」，**如果下一支 K 收黑 K，則確定為反轉或回跌，宜速停利或停損。**（＊如100年7月6日之宏達電2498）。

若此型 K 線是在 MACD 下跌或 ADX 下跌，則上升的力道會減弱；但若在 MACD 上升或 ADX 上升（多頭）且上無壓力，則次日仍易上升。

三、十字 K 線

十字 K 線是一個變盤線，**而十字越大**（上下高低價差大），**變盤或反轉之機率越大**；十字越小，變盤或反轉之機率越小，則其意義並不大。

在股價相對高檔出現「大十字 K 線」，則反轉下跌之機率越大。（＊如101年9月14日之聯發科2454例）。**在股**

價相對低檔出現「大十字K線」，則反轉上漲之機率越大。
（＊如100年4月19日之大盤例）。

四、三陽線

　　由三根中長紅K組成並呈上升型，一般書上或專家
多解釋為「強勢上攻型」，又稱為「紅三兵」。但在實務上
卻差很大，**因為等到三根紅K線上確立是要上攻，可能你
已失去10%~15%的上漲機會，你的第一戰就已站在「不
利」的條件下，賠錢的機率當然會很大。**（＊如97年11月3
日之大盤例）。

　　其實三陽線又可分為8個座標，例如，在空頭跌勢的三
陽線，第3根紅K之量會縮小，且紅K長度會縮短，次日
若收黑K即是反轉再跌，在操作上一定要短多速出，並速
反手放空。

　　三陽線「強勢上攻型」之理論，其實是無意義的。**因
為在「空頭跌勢」，它是屬於反彈波「結束」**；在多頭中，
真正的買進點怎麼可能要看到三根中長紅K才是買進訊號
或攻擊訊號。**真正在多頭漲中，只要KD交叉向上或一根
中長紅K就是起漲的訊號了。**（＊如98年8月28日之大盤

例）。

國內的技術分析書籍，源頭都是翻譯自美國，有了「中文譯本」後，大家就天下文章一大抄，所以幾乎所有的技術分析理論都是千篇一律。但近年也有許多專家自己發明的天馬行空火星技術理論，例如，「月圓（農曆初十五）買股票，初一（農曆）賣股票」的波段操作法！「掌握季線趨勢，就是掌握主流」！「神奇3K理論」！「大盤大跌二分之一就是買進時機」……等，投資人想大賺要信就大膽去信吧。

五、陰線吞噬 K 線

陰線吞噬 K 線是一個反轉型 K 線，但還必須視「量」與「波段座標」而定。簡單的說，就是在「高檔」見「量大」的此型 K 線，原則即是反轉型下跌之 K 線。（＊如100年6月10日之大盤例）。

陰線吞噬 K 線不一定都是發生在高檔，在波段上升中、波段下跌中……都有可能會出現。**如果陰線吞噬同時是 KD 在高檔背離，那就百分之百是個波段高檔反轉下跌的訊號。**在操作上必須當機立斷立刻多單全部出場，並反手放空，不敢放空者則應空手。

第2章
KD指標之精解

一、KD 之特點

KD 指標又稱為隨機指標，它是用在短線進出之研判工具。由兩條線組成，快線稱「K」，慢線稱「D」，KD 之數值介於 0 至 100 之間。KD 值升到了 80 以上，稱為高檔；KD 值降到了 20 以下，稱為低檔。

KD 交叉向上表示可買進，KD 交叉向下表示可賣出。KD 在低檔背離，表示股價將反轉向上；KD 在高檔背離，表示股價將反轉向下。

二、技術書籍及專家之 KD 理論與重點

◎理論之 1　　D 值大於 80 是超買，D 值小於 20 是超賣。

實務上，這理論誤差甚大。所謂「超買」就表示「不

宜再買，股價已高，會有風險」，但有一半以上的例子都是
D值到了80，股價仍一路大漲，（＊如98年3月12日之大
盤例），投資人若誤信此理論，往往會錯失非常多的大賺機
會。其實這理論是要連接「向量」才能發揮正確的功能。

　　而所謂「超賣」就表示「不宜再賣，股價已低」，但
也是有一半以上的例子都是D值到了20，股價仍一路大跌
（＊如97年5月30日之大盤例），只要做錯一次就必定慘
賠！其真正原因同上。

◎理論之2　高檔（80）KD二次交叉向下將大跌，做賣
　出；低檔（20）KD二次交叉向上將大漲。

　　實務上，這理論誤差甚大，往往KD會在高檔交叉好幾
次（3次以上，甚至5、6次）才反轉下跌。98年3月27日
大盤在KD高檔90背離二次交叉向下，照理論應將大跌，
指數收在5390點，結果股價不跌，卻一路大漲到7800點！
其間在高檔（80以上）交叉向下了14次之多！請問這理論
是不是很明顯地矛盾？但全國專家卻奉為「聖經」，其實原
因仍出在「向量」。

　　低檔（20）KD二次交叉向上將大漲之理論，實務上
也誤差很大。例如，97年6月18日大盤由9309點跌到8217

點，當日KD在低檔（20以下）二次而且背離交叉向上，〔如圖32所示〕，照理應將大漲，指數收在8217點，結果股價不漲，卻一路暴跌到3955點！**其間KD在低檔（20以下）交叉向上了12次之多！等於有11次的慘賠陷阱！**

全國專家都在暴跌中一路搶買，結果卻一路慘賠！當然投資人也慘賠！唯有知道其盲點與能解碼者（包含我的學員），才能避開這暴跌五千點的空頭大陷阱！

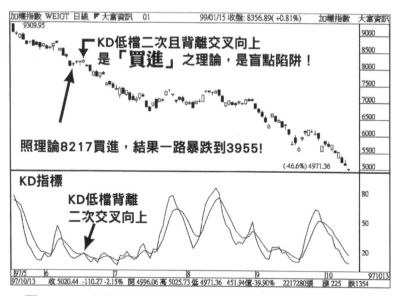

圖32　KD低檔買進理論之盲點陷阱，許多專家仍無解！

◎理論之3　KD在50交叉屬盤局。

實務上，這理論很荒謬，絕非KD原創人喬治‧藍恩之理論，這完全是毫無根據。如果要說「盤局」，主要是看『DMI指標』，當ADX在20以下時，股價將進入盤局。（＊如96年5月7日之大盤例）。**很多知名專家常會「自創」一些新奇的技術理論，是否實用，事實將會證明。**

◎理論之4　KD背離為反轉前兆。

實務上，這個理論很正確，且準確率很高（＊如97年5月20日之大盤例），但又非絕對！因為事實上「背離」有很多種型式，在不同的條件下背離，會有不同的波段強弱度。

KD在高檔背離，照理應反轉大跌，但常會有盲點，即**股價仍一路大漲**。例如，98年3月27日之大盤KD在高檔（90）背離，結果股價並未大跌，卻仍一路大漲〔如圖33所示〕，照理論操作，足足少賺2500點！萬一是放空者，則慘賠2500點！

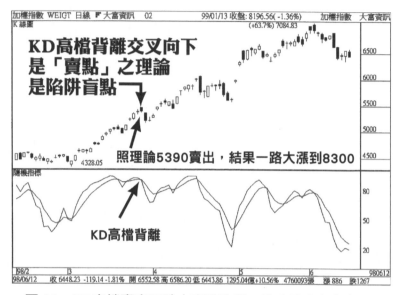

圖33　KD高檔賣出理論之盲點陷阱,許多專家仍無解!

◎理論之5　**KD高檔拉回守在50屬強勢整理,將再漲;
KD由低檔反彈不過50屬弱勢反彈,將再跌。**

　　實務上,並無此「定理」,只是一些知名專家公開後,即成為市場上之熱門獨家理論。事實上,**在大多頭中,KD也常回在20以下整理再漲。**(＊如98年6月18日大盤例)。**而在空頭中,KD由低檔反彈卻常到70至80**(＊如97年8月14日大盤例),根本不是弱反彈到50。

　　簡單的說,KD在多頭或空頭,KD的回跌或反彈,根

本沒有任何「理論之5」之理論，而是仍分佈在10至90間左右，任何一個可能都有。**投資人學習技術分析，千萬不能盲目亂學，因為受傷賠錢的一定是你，而那些「專家名嘴」只是出一張嘴，講的都是天馬行空的輸家理論。**

◎理論之6　**KD 在80以上鈍化將屬強勢多頭，KD 在20以下鈍化將屬弱勢空頭。**

　　實務上，KD 在高檔或低檔發生「鈍化」，完全是由「事後發現」才得知的結論，如此分析，全國任何一個投資人也會！

　　這理論是正確的，但問題是當 KD 在高檔或低檔會不會「鈍化」？其實絕大多數的人都不會知道。**事實上 KD 是否會鈍化，在「事前」即已可知，只要向量大於80，則 KD 易在高檔鈍化，此時你的操作研判就不能看 KD 了。當向量小於20，則 KD 易在低檔鈍化。我對 KD 的研究是翻遍且分析過數萬個例子，當然有絕對把握在此說明且保證正確。**

　　我在技術分析教學的課程中，只要2分鐘圖解說明，保證你苦研10年都無解的「KD 鈍化」，立可知其原因。若能知其「原因」，當然就不會掉入大賠的陷阱，同時又能掌握多空大波段的獲利。

◎理論之7　D值在10以下是買進時機，D值在90以上是賣出時機。

實務上，這理論的方向是對的，但答案卻誤差很大，可惜全國的投資人與專家幾乎都信奉此「理論」。若以此理論，大盤自97年5月的9309點暴跌至3955點底部皆無此買點，因為KD之D值皆在低檔10之上。再往前11年到87年8月10日好不容易才找到一個「D值10以下」的「買進訊號」，結果卻由當時的7372點仍一路大跌到5422點！

事實上，11年間有中大跌的空頭谷底買點機會至少有三十幾個，但KD的此理論機會是「11年才有一次機會」！而且「買了卻又大跌2千點」！此刻，投資人該清醒了吧！

而D值在90以上是賣出時機，照此理論，98年3月17日大盤在5041點即應賣出，結果股價卻一路大漲到8395點。信奉此理論之專家與投資人少賺了3300點！或是放空者慘賠3300點！

由上述KD這麼多的盲點可知，**要研判一個趨勢或波段的轉折點，絕對不能只靠一個指標，（無論KD或MACD……等），一定要相互輔助研判。**這真的很難，我是

花了十多年的鑽研才有了一套獨門祕方，待日後有機會再發表。

◎理論之8　KD 可依頭肩頂，頭肩底或三角形態作買賣訊號。

實務上，這是完全不準，只是偶一巧合，便有知名專家以此為「高階理論」，然後在市場上流傳，**我詳細驗證過，絕對沒這理論或定理。**投資人在學習或研究技術分析時，一定要慎重認清事實。

三、KD 與 RSI 之別

KD 與 RSI 皆為短線進出之相似指標，RSI 是早期發明的，因誤差甚大，且太敏感，在 20 年前即已在國際上漸漸被淘汰，改由新研發的 KD 指標取代。KD 是個相當好的短線指標，但與其他指標一樣都有其盲點，這點我已全部破解，待日後有機會再公開。

RSI 指標至今仍有許多專家與老師在使用，他們還不知道自己是在「拿弓箭與敵人的機關槍打仗！」因此投資人在研究的一開始方向就要正確，否則日後怎麼慘賠的都不知道。

　　註：本章 KD 案例是以「國際標準參數 9 日」說明之，**實際贏家之 KD 參數不會是用「9 日」**。因為天數越長或越短，皆會影響到指標之敏感度與精確度，投資人自己習慣就好，有人用 5 日 KD，也有人用 10 日 KD。

　　投資若有心研究 KD 的參數，可由不同的大小波段轉折，搭配不同天數的 KD 參數，一一驗證，即可找出「正確的精準答案」。

第 3 章
MACD指標
之精解

一、MACD 之特點

MACD 又稱為異同平滑曲線，它是用在中長線進出之研判工具，由兩條線所組成，快線稱「DIF」，（類似 KD 之 K），慢線稱「MACD」（類似 KD 之 D）。**快線（DIF）與慢線（MACD）之間的差距值，稱為「差離值」**。差離值在 0 軸之上稱「正差離值」（通常用上柱形表示）；差離值在 0 軸之下稱「負差離值」（通常用下柱形表示）。

以下 DIF 簡稱「D」，MACD 簡稱「M」。當 D（快線）與 M（慢線）在 0 軸之上的上升，稱為多頭上升；在 0 軸之下的上升，稱為反彈或反轉上升。當 D 與 M 在 0 軸之下的下降，稱為空頭下跌；在 0 軸之上的下降，稱為回檔或反轉下跌。

MACD 在 0 軸之上的波形越大，表示多頭越強，波形

越小，表示多頭越弱；反之，MACD在0軸之下的波形越大，表示空頭越強，波形越小，表示空頭越弱。

MACD在結構上與平均線是有點相似之處，只是外形明顯不同。MACD明顯比KD複雜許多，所以我在研究時，把它分為66個座標，每一個座標代表某一個形狀，也就是某一個能量強度，這對日後的波段漲跌與反轉之研判，有很大的研判幫助，最後濃縮在我的「贏家多空線」。

二、技術書籍及專家之MACD理論與重點

◎理論之1　DIF與MACD在0軸以上屬多頭市場，當DIF向上突破MACD只可以做買進，DIF向下跌破MACD做賣出（平倉），但不可作空。

實務上，此理論方向上正確，但仍有不少的盲點。例如，97年5月16日之大盤MACD在0軸之上，DIF向上突破（交叉）MACD，如果照理論「做買進」〔如圖34之A所示〕，結果股價卻會一路大暴跌！

DIF在0軸之上向下跌破（交叉）MACD，如果照理論只能「做賣出」「不可作空」，但事實上應「大舉放空」才能大獲利，因為股價大跌。例如：97年5月22日之大盤

〔如圖34之B所示〕，95年5月12日亦同（理論嚴重錯誤）。

◎理論之2　DIF與MACD間之差離值，若在0軸之上不斷上升，屬多頭走勢；若在0軸之下不斷下降，屬空頭走勢。

　　實務上，此理論正確，但應將差離值的功能當成輔助之配角，因為差離值之變化性很大，一下子漲、一下子跌。真正MACD的研判，主要是看「MACD（慢線）」的方

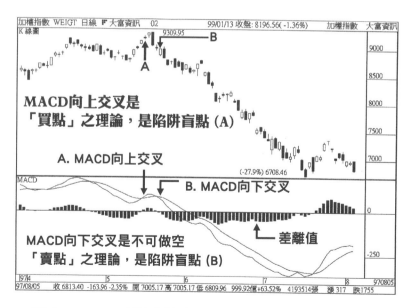

圖34　MACD理論有許多盲點陷阱，許多專家皆無解！

向，當 MACD 上升即看漲，當 MACD 下跌即看跌，這樣的方法還較實際些，且準確度高，但這只是初階技術。

◎理論之 3　**MACD 高檔 2 次向下交叉將大跌，低檔 2 次向上交叉將大漲。**

實務上，MACD 並無高低之極限數值，如 KD 值之 0 至 100，而 MACD 只有相對高檔或相對低檔。不過本理論之「高檔」，可以大多頭之均線上升時的 MACD 代之；以大空頭之均線下降時的 MACD 代之。

此理論之誤差也大，很多情況下在高檔 2 次向下交叉，股價並未大跌，而仍一路大漲。（＊如 98 年 5 月 15 日之大盤例）；或在低檔 2 次向上交叉，股價並未大漲，而仍一路大跌。（＊如 97 年 9 月 24 日之大盤例）。

◎理論之 4　**當股價創新高，而 DIF 沒創新高時，屬高檔背離，是賣出時機；反之當股價創新低，而 DIF 沒創新低，屬低檔背離，是買進時機。**

實務上，這理論之準確性高，原理相似於 KD 之背離。可惜這理論只說對了前半段，後半段則沒說清楚，是「賣出訊號」沒錯，但賣出之後，股價會有三種情況發展：

1. 「**回跌**」，但股價會快速再漲成橫盤或頭部區。（＊如96年1月4日之大盤例）

2. 「**回檔**」，而股價會快速再漲且大漲。（＊如91年1月10之大盤例）

3. 「**反轉大跌**」，股價即一路大跌。（＊如97年5月20日之大盤例）。

上述是全國通用之MACD理論，我只略提出一小部分盲點，**有志精研者，我願分享自己多年的心得精華。**

註，本章MACD之案例是以「國際參數12、26、9」說明之，**實際精準之參數不是這組字，投資人可自行再研究。**

第 **4** 章
DMI指標
之精解

一、DMI 之特點

DMI 指標又稱為趨向指標，**是所有指標中最複雜、最難懂（全國沒有幾位專家能懂），但又相當精準之指標。**它由4條線（ADX、ADR、＋DI、－DI）所組成，4條線各有各的功能，但以 ADX 為主軸。DMI 值高低介於0至100。

ADX 是「快線」的趨勢線（類似 MACD 指標之DIF），ADR 是「慢線」的趨勢線（類似 MACD 指標之MACD）；＋DI 代表正向值，－DI 代表負向值。在正常多頭時，＋DI 大於－DI；在正常空頭時，－DI 大於＋DI。**當 ADX 上升時，趨勢（多或空）漲跌更確定**，但實務上也仍有不少盲點。

二、技術書籍及專家之 DMI 理論與重點

◎理論之1 當「＋DI」向上穿越「－DI」是買進訊號，
若 ADX 上升，則漲勢更強；反之，當「－DI」向上穿越
「＋DI」是賣出訊號，若 ADX 上升，則跌勢更大。

實務上，原則理論是正確的，但實際上，＋DI 與－DI
經常不斷的交叉，不但不是買進或賣出的訊號，而是波段
（多或空）早已上升或下了大半。〔如圖35之 A 所示〕。

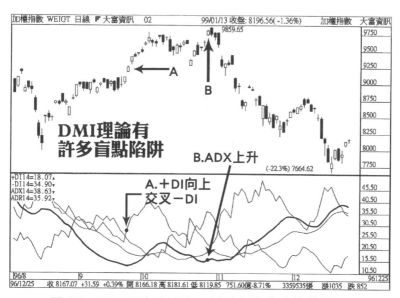

圖 35　DMI理論雖精準，但仍有許多盲點陷阱。

　　而「ADX上升則漲勢更強」之理論誤差更大，如96年10月29日之ADX上升，股價不但沒漲，反而形成頭部且大跌。〔如圖35之B所示〕。同此例子甚多，如97年5月14日ADX上升只漲4天，隨後由9309點一路暴跌到3955點！而96年10月29日ADX只上升2天，卻隨後大跌2500點！

　　上述之盲點將會產生嚴重的後果，**例如很多專家、老師或投資人，以為只要ADX上升將會大漲而全力加碼，結果卻往往大跌或暴跌而慘賠！其問題是在「能量級數」。**

◎理論之2　**當股價見峰，ADX會隨後見峰。**

　　實務上，此理論原則上是正確的。（＊如95年5月9日之大盤例）。但也有不少盲點，即當ADX見峰，股價隨後見峰轉跌，照理應是「開始做頭或成峰大跌」，但股價又不斷一直大漲。〔如圖36所示〕。**這種矛盾點非常的嚴重，1.是可能使投資人少賺一個大波段；2.是若反向放空可能慘賠數千點！**

　　即使以美股為例也是同樣有很多上述之盲點。例如，98年8月13日美股收在9398點，而ADX大漲至41轉跌為40時，當日照理應是「見峰或見頭確立」，結果卻一路大漲到10612點，即再漲1200點！（5個月後）。

　　要學技術指標之理論並不難，國中生一聽一看也都會，但難就難在「指標理論盲點之破解」。我深研十多年才一個個破解，投資人以後就會體會我現在所說的話。今日我將技術指標的重要盲點指示出來，對廣大的投資人已是「大功」一件！更已打破全國記錄。在此之前二十多年間，國內近千餘本討論技術分析之書，沒有任何一本「敢」挑戰國際權威技術分析理論之「盲點」，而我是第一個專業人士，而且唯一能「破解」盲點之專業人士，技術分析課程中解密即知。

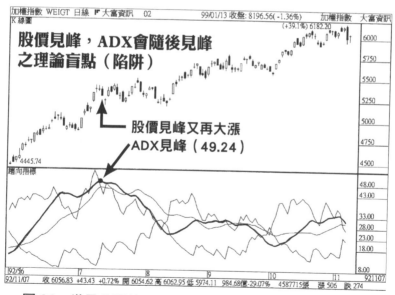

圖 36　世界公認的DMI之ADX理論仍有許多盲點陷阱。

◎理論之3　**ADX 向上交叉 ADR 是最後多、空買賣機會。**

實務上，這也是原則正確的，但仍有很多誤差。例如，96 年 5 月 29 日大盤的 ADX 向上交叉 ADR 後，指數即大漲 1700 點。**此原理類似平均線的黃金交叉，但實用性比平均線差。**

但這理論若在多空向量不足之下，也常會形成漲不上或跌不下之盤局或小波或頭部、底部。例如，96 年 10 月 3 日當 ADX 向上交叉 ADR 後，大盤卻在 9800 點形成頭部後再大跌到 7384 點。**這盲點，一般專家皆無解。**

◎理論之4　**ADX 在 20 以下屬盤局。**

實務上，**這個理論也原則上是正確的，且準確性高。**（＊如 98 年 1 月至 2 月之大盤例）。然而 ADX 在 20 以下，股價卻仍續大跌或大漲而非「盤局」之例也不少。例如，98 年 9 月 3 日與 96 年 9 月 17 日之大盤例。

我的研究方法是，將 ADX 在 20 以下分成 18 個座標，每個座標都設有不同的條件。這樣就可以確認股價波段的走勢，而不會被「盤局理論」所誤陷。為了實戰操作之精準與迅速，我已將它（DMI）濃縮成程式之「贏家多空線」，非常方便。

◎理論之 5　ADX 若下跌，則是無勢可尋。

　　實務上，這也是正確的，而且很重要。（＊如97年12月12日之大盤例）。**所謂無勢可尋，即股價的波勢不會再大漲或大跌，直到新的多或空之趨勢出現。**

　　然而 ADX 下跌也有許多的盲點，例如，漲勢或跌勢仍持續。（＊如97年2月19日之大盤例）。會有這麼明顯的差異（盲點），主要是在於 ADX 下跌之座標，**所謂的座標，就將 ADX 的下跌再細分為許多種不同的條件，不同的條件會有不同的結果。**

◎理論之 6　ADX 上升到 50 以上會有反轉壓力，可用 ADX 跌破上升趨勢線加以確認。

　　當我在某一本暢銷技術書首見此理論時，大為驚訝！於是又翻遍國內外股市驗證。在答案未出來之前，我當然知道一定又是「天馬行空之論」，**因為我曾鑽研 DMI10 多年，看過近萬個 DMI 指標之案例，皆不曾有此現象**，當然 DMI 之原創人威爾斯‧懷德也無此理論。

　　但就現實面來看，97年5月20日大盤最高點9309點的波段最高點反轉暴跌，ADX 只有 18.23 ！而非50。96年10月30日的波段高點9859點反轉大跌，ADX 更只有 16.12 ！

又更著名的91年4月22日的波段高點6484點反轉暴跌，ADX只有20.64！76年10月2日的台股大飆漲反轉暴跌，ADX當時是70.86！

再舉一個例子讓投資人心服口服，公元2000年的美國NASDAQ大崩盤，**當時（3月10日）飆漲的最高點5132點反轉向下崩盤，ADX也只有26.2！而也非ADX50！**其實，還有很多很瞎的怪理論。例如，**最瞎的是，天天「畫線給大盤走」、「A、B、C波，1、2、3波、0.618……」！**

由上述之實際驗證，可以證明我今天揭發技術指標的盲點，無論是原創人的指標盲點，或市場知名專家的自創天馬行空之理論盲點，都完全是絕對正確。

◎理論之**7**　**在漲勢中，當ADX由上升轉為下降時，表示漲勢將結束；在跌勢中，當ADX由上升轉為下降時，表示跌勢將結束。**

實務上，這個理論原則上正確，所以國內所有的技術分析書籍或教學課程，都是千篇一律的強調。

但實際上，仍有不少的盲點。我在技術分析教學中的學生曾說，他以前上課問他的老師「為什麼會ADX轉跌，但股價仍大漲？」，他的老師只能支吾其詞混過去。**其實太**

多的專家都只懂「理論」，對其盲點，完全不知如何解說。

例如，98年3月30日之大盤，在漲勢中的 ADX 上升轉為下降，指數在5206點；照理論應「漲勢結束」，結果卻一路大漲到8395點！〔**如圖37所示**〕。或97年7月17日之大盤，在跌勢中的 ADX 上升轉為下降，指數在6974點；照理論應「跌勢結束」，結果卻仍一路大跌到3955點！

這個理論的盲點陷阱後果非常的嚴重，**因為很多專家與投資人都以為 ADX 由漲轉跌是漲（或跌）勢結束將反轉大跌（或大漲），結果卻慘賠！**

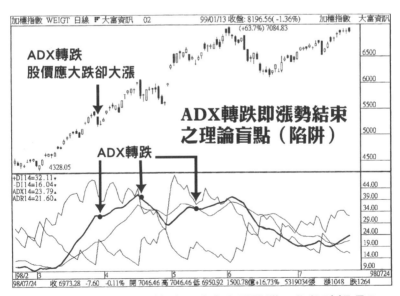

圖37　DMI 的 ADX 轉跌理論之盲點陷阱，你能破解嗎？

◎理論之8　當＋DI創新高時，宜防股價漲多回檔或下跌；當－DI創新高時，宜防股價跌深反彈。

這是相當熱門的理論，但答案是「瞎話」！猶如說：「年紀增大時，宜防意外或死亡！」天下哪有一支股票創新高而不回檔或下跌的！更何況「創新高」沒有什麼特別的定義，此專家自創之理論誤差甚大！

98年3月26日大盤由3955點反轉上升至5386點，當時「＋DI創新高」（48.01），照理應回檔或下跌，結果股價卻一路大漲到7084點，接著再攻上8395點！

投資人要學到真正的技術分析，一定要慎重選擇好的專家或書籍，否則「結果」都是一樣的（走向輸家之路）。

📶 三、DMI之長線趨勢研判準確度高

使用DMI指標之主要目的是研判「長線趨勢」，且準確度高。例如，96年2月1日我在技術分析的教學中，以日本股市的月K線圖為例，詳細分析其走勢。

其中最重要的一個提示，就是研判日股將「長線多頭將結束」之標題〔如圖38所示〕，因為當時（96年2月）日股正在走第3波（我的「第3波上升」即是波浪理論的「第

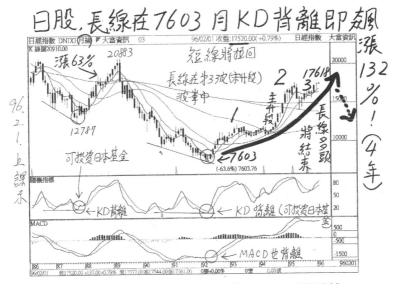

圖 38　課程研判日股長線多頭將結束之原稿證據。

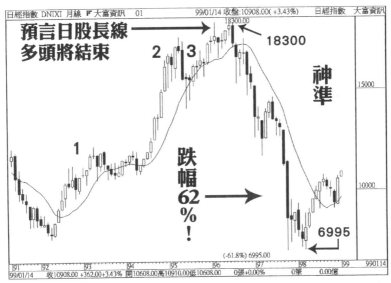

圖 39　神準預言日股「長線多頭將結束」。（與圖 38 對照）

175

5波」)即末升段。當時 DMI 之「向量系數」已快結束,且其他指標驗證無誤。果然由18300點一路崩跌到6995點！〔如圖39所示〕,跌幅高達62%！

由上述我研判日股、美股之精準,證明了一件事,只要精通「技術分析」,國際股市與國際期貨你都可以多、空投資大獲利。我多年的鑽研結晶,投資人卻在技術分析教學中,只要花4小時即可輕鬆學會！

四、為何破解指標盲點之價值如寶

我看過數百本的「技術指標」專文「分析與精解」,幾乎是千篇一律或天馬行空,**但也有不少是優質的「啟蒙」**解析(如:《權威股票操作學》陳明智編著,78年出版,定價500元)。

投資股票或期指之技術操作,一個指標研判錯誤,或盲點陷阱掉入,即可能大賠！幾年下來,因不懂「技術分析」,可能早已賠光！反之,若能研究得知「技術分析密碼」,則必能點石成金！而一個「小密碼的破解」,很可能是花數十萬的「代價或學費或數年的研究」才發現！本書已破天荒揭露無數陷阱、盲點與「提示」,早已價值非凡了！

波浪理論之實務運用

📊 一、波浪理論之特點

波浪理論在技術分析領域是非常難懂之理論，就是因為常找不到正確的答案而更顯神祕。**投資人不必花心神去深入研究，只要將幾個重點學會即可，這是我當年鑽研後的結論。**

曾經國內有一位知名的波浪理論專家（自稱深研波浪理論數十年），在當時的 6400 點信心十足的分析（波浪理論），說將下看 5 千點，結果一路被慘軋到 9500 點！（放空慘賠 3100 點）！當天（站上 9500 點）見他在媒體上翻空為多。很不幸，大盤只上漲了 300 點到 9800 點，卻反轉急跌！翻多又慘賠！這件事更證明我的看法是正確的。

不過我們投資人可以運用幾個重點，且實務上常見，即多頭趨勢有 3 個上升波（即 5 個波，其中含 2 個回檔波）；

空頭趨勢也有3個下跌波（即5個波，其中含2個反彈波），但切記，這非絕對，只是有較多的機率是如此，**因為原來的波勢被太多的多空因素所改變。**

二、波浪理論之重點

1. 第2波之拉回修正，**不能低於第一波的起點**，否則股價會破底。

2. 第4波之回檔深度，**不能跌破第1波之高點。**

3. 上升波之回檔，通常會是2個波。

4. 下跌波之反彈，也通常會是2個波。

　　上述1～4皆為常見之理論，但也會有盲點，所以必須搭配其他指標來研判。

三、我對熱門技術理論之看法

　　我對股市的技術分析非常的狂熱，在研究的過程中可謂是「千山萬水我獨行」。所有主要的國內外股市、期貨商品、外匯……日線、週線、月線，甚至分時線，對應所有熱門的技術指標與理論，都一一的深深鑽研與驗證過。

最後所得的結論是，投資人在實務技術應用上，**對RSI、波浪理論、費波南希理論、黃金分割率、甘氏角度線、開盤八法、乖離率、心理線、寶塔線……等，投資人不必花心神去了解，更不必去研究，保證不靈！**

究竟波浪理論是否真的那麼神威與神準？能連續不斷預知未來的波段會如何走、何時轉折、又會漲跌幅多少……，而值得全球投資人去費心鑽研！**但當投資人親自從網路資訊查尋有關「波浪理論・艾略特」，若得知其常研判不順，晚年是得了嚴重憂鬱症，最後病死在精神病（療養）院時，相信「答案」即可知曉了！**

數年前，我在某媒體看到一則驚人的訊息，**內容是甘氏角度線原創人的兒子，在眾多記者們前承認他的父親做股票也是「賠錢」的！**當時一語震醒全球投資人！然而上述這些如「門神般的技術理論」，仍被國內的專家與投資人視為「股市聖經」所膜拜！這也是全球投資人尤其是理論專家，越學（上述指標理論）越賠的原因之一了。

第 6 章
能點石成金
之技術終極聖杯

一、價值千萬的 KD 待破解密碼

1. 為何 KD 在高檔80以上及低檔20以下，**常會出現「鈍化」，以致常產生盲點與陷阱？**

2. **為何 KD 在高低檔時常會出現「無效背離」，**以致產生嚴重的錯誤（多空慘賠）判斷？

3. **為何 D 值跌在10以下買進，股價仍會繼續暴跌？**為何 D 值在90以上賣出或放空，股價仍會繼續暴漲軋空？

4. 哪一種的「KD 拉回或下跌」，**才是真正安全或最佳的「拉回找買點」？**

5. 哪一種的「KD 低檔上升」，**才是真正最危險或慘賠的「底部找買點」？**

6. KD 指標在多頭市場與空頭市場時的操作祕技？

7. 以 KD 值當「切線」及「壓力、支撐」之盲點陷阱有哪些？

8. KD 要如何與其他「趨勢及向量」之指標相輔使用，才能大幅增加 KD 的買賣點精準度？

9. KD 指標最容易賺錢與最容易賠錢的座標是在哪一段？

10. 如何在最短的時間內精通「KD 的精髓密碼」？

11. KD 上升在哪一組公式時，波段非常容易暴漲？

12. KD 下跌在哪一組公式時，波段非常容易暴跌？

二、價值千萬的 MACD 待破解密碼

1. MACD 在「低檔背離」的買進陷阱與高檔背離的賣出（或放空）陷阱，可由哪一個「關鍵點」破解，即可不再經常慘賠反可大賺！

2. 當 MACD「下跌」時，可由哪一個「關鍵點」破解得知是「回檔波」還是「反轉空頭勢」？

3. MACD 要如何與 KD、DMI 及平均線相輔使用，而使 MACD 的波段轉折的精準度大幅提高？

4. 確實這市場也極少人知道，當 MACD「上升時」，其實已可知道是「暴升、普升或反彈」的能量級數；反之，當 MACD「下跌時」，也是可以研判是「暴跌、普跌或回檔」。

5. 研究的精髓是，未來波段將有機會大漲及大跌一、二千點的「技術指標公式」你將能破解？

6. MACD 的「飆漲臨界點」（或飆股起飆之臨界點），你能研習得知？MACD 的「暴跌臨界點」（或暴跌股起跌之臨界點），你也能破解？

7. MACD 要如何與 ADX 配合使用才能更精準？

三、極少專家能破解的 DMI 密碼

1. 如何運用 ADX 的「向量座標」掌握大波段、大趨勢的多空大行情？

2. 當多頭上升到高點，ADX 由上升轉跌，理論波段將結束；但常見波段又續大漲之「盲點陷阱或致富契機密

碼」,如何破解?

3. **當空頭下跌到低點,ADX 由上升轉跌**,理論波段將結束;但常見波段又續大跌之「**大盲點陷阱或放空致富契機密碼**」你將能破解?

4. ＋ DI 與 － DI 的交叉盲點陷阱,**及 ADX 與 ADR 的交叉盲點陷阱你能破解?**

5. 當 ADX 下跌代表「無勢可尋」時,**可用哪個指標或方法研判更精準?**

6. DMI 指標要與哪個指標搭配使用才能達到更精準的研判,你將能破解?

7. **為何飆股或空頭暴跌股或大盤的多空大行情,都與 DMI 的「臨界值」息息相關?**

8. ADR 很重要,卻從沒有專家提過,**究竟有多重要?**而你也知道?

9. **為何只要能懂 DMI,就能掌握大盤的多空千點大行情?其公式為?**

以上僅略述研究 KD、MACD 及 DMI 指標之部分常見

盲點與關鍵密碼，這也是所有投資人與專家們共同的鑽研目標。

　　上述所列之28個價值千萬待解密碼，其中任何一個或幾個，都很可能是目前檯面上知名專家名嘴們或鑽研一、二十年的股市老手，**皆無法破解的「技術分析終極密碼」**！而你日後將能研究或研習得知！

　　有句話：「台上一分鐘，台下十年功」。我多年的演講與接觸投資人的心得是：**「輕易得來的寶貴技術經驗或鑽研密碼，通常是不會被珍惜與感謝的，因為答案已知」**，所以他們當然也會，而且認為那麼簡單誰不會！甚至不屑！**而唯有自己努力鑽研仍不解，且願真心去向人學習的人才會非常珍惜！**

喝口茶～，今天這本書即將改變你的一生！

閱讀 休 息 站

分享各地學員的研習心得

30分鐘學會10年摸不懂的 DMI

DMI 趨向指標是股價波段的「骨幹」，**準確度相當高，可是仍有不少盲點與陷阱。**

國內有關「DMI 趨向指標」之技術書籍或課程內容，幾乎是千篇一律；或是一些專家花拳繡腿的天馬行空理論，根本不堪一擊或實戰驗證，使得投資人產生非常大的困惑與無解。

某日，有位學員研習結束後，感性地向我說：「我研究了10年的技術分析，不但雜亂不懂，而且指標盲點問了許多老師都無解。今天向老師學了四個多小時居然全懂了，尤其是最神祕的 DMI 指標，我竟能在半小時學通，真是感謝老師……」

另一位學員說：「DMI 指標就像一個超級密碼，令人茫然無解；但老師卻能一下子就清晰破解讓我學會…」

我之所以絕對的自信，是因為我花盡苦功徹底拆解分析各個指標鑽研，才能在幾個小時內，將所有技術精髓傳授給有緣而非同業的投資朋友！

要真正懂得技術分析與操盤的「祕訣」，真的非常難！因為坊間太多虛幻的技術理論與紙上談兵。直到看過黃老師的技術著作後，才驚嘆「技術分析與操盤之深奧及破解之道」；上完課果然相信黃老師所說的：「10年摸索不通的技術，幾分鐘一解就通，一連串的複雜使用，一教就能化繁為簡，功效精準，令人驚嘆……」，當然，「實力」是對學員們共同的誘因，「真誠傳授」更是學員們一致的真切感受！

＊　這也是為何學員有遠自雪梨、新加坡、大陸（台商）之因！

精典獨家‧4小時學會19年贏家精髓

8大經典祕技（濃縮專業技術精華，附講義）

❶. KD、MACD、DMI 指標鈍化……盲點陷阱獨家解密
❷. 全國獨家「向量」、「臨界值」密碼傳授，破解波段轉折點
❸. KD ＋ MACD ＋ DMI 如何相輔研判與使用祕技
❹. 黑馬飆股發動的8大關鍵密碼與型態解密
❺. 大賺多、空千點大行情之指標密碼
❻. 平均線最新專業贏家戰法
❼. K線6大波段反轉密碼
❽. 多空趨勢「循環操作」獨家祕笈

　　黃賢明老師鑽研私房祕技

空頭市場放空
致富祕笈

第 1 章
空頭市場的
放空原則

一、為何一定要懂融券放空

如果投資人說：「我只敢作多，空頭不作空可以嗎？」答案當然可以。不過，首先他已失去一半可獲利的機會；其次，因他沒有空頭操作的經驗，所以很容易在空頭波勢中不斷想找機會「逆勢作多」；更危險的是，若他看不懂空頭市場則會「傷重」得更快。

所有的國內外股市、匯市、期貨商品，永遠都是多空各半的機會。唯有順勢（多、空）操作才能雙向獲利，逆勢操作100%賠錢！例如，97年的股市，12個月中只有3個月是多頭行情，其他9個月都是暴跌的空頭行情。而101年3月的8170點應是該年（截稿前）的最高點，因為長線指標已趨弱，未來走勢明顯偏弱。

二、如何培養放空的膽識

國內作空的投資人口，只有作多人口的 5% 不到。主因是習慣問題，及心理障礙（恐懼），這種心理障礙猶如「跳傘」般的恐懼。

我有一個很好的教學經驗，投資人如果剛開始不敢放空怕被軋，可以自己先「紙上作業」，而不要用真正的錢在股市放空，這樣就可以把膽量給訓練出來。

因為，如果你操作放空贏了，雖沒收到真錢，你也賺到了成功的經驗與膽識；萬一輸了，你也沒真的賠半毛錢，但你卻賺到了寶貴的經驗與膽識。當你操作紙上作業久了，累積了許多的賺賠經驗，你自然而然對放空就會有了膽識與信心。

三、融券放空的基本原則

◎忌放空之 9 大原則

1. 小型股（資本額在 15 億以下）少碰。

2. 籌碼鎖定之股，主力只進不出之股。

3. 遇利空不跌之股。

4. 平時成交量很少（800張以下）之股。

5. 即將除權之股。

6. 股性甚差，或主力介入甚深之股。

7. 敢逆勢（空頭）上升之股。

8. 急跌或下跌中有主力介入（不斷買超）之股。

9. 題材發燒股。如101年9月生技題材發燒，云辰（2390）……逆勢大飆而慘軋！

第 2 章
空頭波勢的
融券大賺絕技

一、儘量找中大型熱門股

主因是中大型（股本30億以上）個股，主力較不易全盤掌握（因籌碼多且零亂）而軋空或狠軋。常見很多小型股逆勢（在大盤下跌中）一路強軋五成或一倍！券空者慘賠。

二、融券急增之股

前幾年台股出現了聞名的「禿鷹案」，就是主力結合不肖的政府主管官員，空襲財務出狀況之危機股，當時就是該型股融券突然暴增。

此事件後沒人敢保證不會再發生，不過只要融券會急增，就表示市場有一特定之人看空該股，是否他們有內線或其他原因不知，至少這是很有可能會「變盤」的徵兆。

三、鎖定融資使用率高之股

融資使用率高表示散戶眾多，但要提防主力自己借融資炒股，這易使該股看回不回卻大漲軋空。

股價若在高檔，而融資使用率高，**若當股價反轉下跌，這種高融資股一定會急殺**。主因是散戶融資者因融資的高槓桿（通常是2.5倍，即自備4成資金，融資6成）操作，股價的下跌賠損是2.5倍，這是非常可怕的！**所以散戶會在急跌中認賠殺出股票。**而當若你是放空者，即可享受急跌的獲利。

四、從空頭線型與空頭技術面鎖定

空頭線型有十餘種，例如，均線蓋頭壓，這是一種最明顯的空頭起跌例，（＊如96年11月1日之鴻海2317例）。**空頭指標最明顯的例子，就是KD高檔背離向下，這種跌幅都是相當大的。**

五、跌破重要均線支撐

股價在漲跌中有一個很大的特性，即上升碰壓力（前波壓或均線壓）易拉回或反轉下跌（非絕對）；下跌中碰支

撐（前波低點支撐或均線支撐）易反彈或反轉上升（也非絕對）。

因此，放空首要即是找「支撐」，如果均線支撐是長天期的「年線或半年線」，則支撐力更強。**可是如果「向量系數」是負數之「跌勢」，那麼長天期的堅強均線支撐也是擋不住的。**

例如佳士達（2352）在100年2月8日，**當形成3個月的大頭部後〔如圖40所示〕，指標開始明顯轉弱**，例如：MACD指標呈現下傾，KD力道減弱，融資餘額不斷上

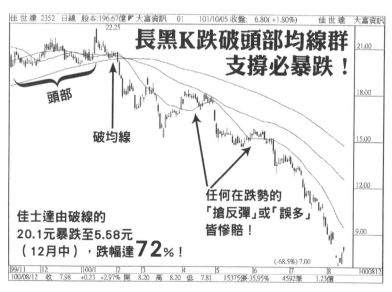

圖40　股票操作一定要看懂「趨勢」，才能趨吉避凶！

升，**法人主力不斷賣超，且「頭部的反轉臨界點」已正式出現**，因此雖有強力的各期均線（5日、10日、20日、60日及120日平均線）支撐，**但終敵不過一根長黑Ｋ的致命跌破！**於是從該日的20.1元一路暴跌到12月中的5.58元（第一波急跌至8月9日的7元，如圖示）**！跌幅高達72％！**

我的專業經驗，**投資人千萬不要去買「跌勢中的股票」，更不要去買「頭部完成的股票」**（另如101年4月的仁寶2324做頭暴跌）。**唯有「專業技術功力」，才能讓你有贏家的研判力！**

第 **3** 章
如何研判暴跌之放空大賺實例

　　放空的最大獲利就是股價的「大跌」或「暴跌」；而股價之所以會暴跌，是有其特定之條件，或稱之為「暴跌密碼」。我進入這行業（證券營業員）的股市背景是「79年的萬點瘋狂到崩盤！」所以我有非常敏感的「崩盤敏銳度」。

一、86年台股萬點暴跌之放空戰役

　　台股在86年8月的萬點熱頭上，百萬股民天天齊歡騰，然而一個超大的「東南亞金融風暴」已逐漸侵入台股。

　　當時（86年8月）東南亞各國的貨幣都在急貶，且國本動搖中。而台幣兌美元的匯率正在一個兩年大平台整理之27.8元附近；純技術面是將向30元以上急貶，而時機點上也符合。**現重點就在假設台幣急貶，則國際游資必定迅速撤離台灣，甚至大舉放空台幣。若果真如此，則台股必暴**

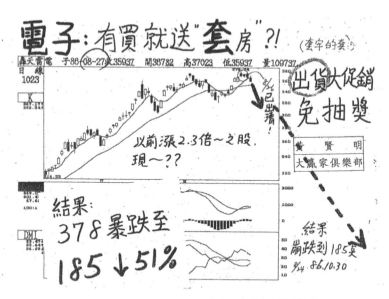

圖41　86年預言電子股將暴跌之原稿證據。

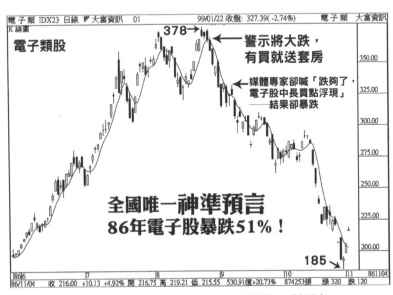

圖42　86年電子股暴跌！（與圖41對照）

跌！

於是我鎖定當時最熱絡的電子股，因為在技術面電子股將會跌得最兇。因此，我在86年8月27日的電視解盤上，「全國唯一」特別警示台股將大跌，電子股將要特別小心之標題：「電子：有買就送套房」！副標題：「出貨大促銷免抽獎」！〔如圖41所示〕。我帶會員不但出清所有多單，而且全力放空電子股。果然，電子股就如火山爆發一樣！一路狂跌51%！〔如圖42所示〕。有些電子股甚至慘跌七、八成！我的會員大獲全勝！而台幣也狂貶了27%到35.3元！

經驗啟示

> 投資股市，不能每天只專注股票的資訊，一定要留意「外匯」與「政策」及「國際金融」……等重要「風向」。如果投資人能懂技術分析，即知台幣走勢將急貶，且台股必因外資大舉匯出而大跌。

然而，為什麼投資人會不斷賠錢？主要原因之一就是，**投資人常會受到當時的媒體報導所影響**。例如，86年9月3日台股才正在「初跌階段」，**某大媒體之大標題：「跌**

圖 43　86年電子股暴跌前媒體專家喊買點浮現。

夠了！電子股長線買點浮現」，副標題：「國內景氣穩健復
甦，上市公司基本面倒吃甘蔗，與東南亞經濟現況大不相
同」。當日我在電視上即再吐嘈此新聞，所以在該標題上畫
了一個問號「？」，以警示全國投資人。〔如圖43所示〕。果
然電子股一路暴跌！〔如圖42所示〕。相信那些專家、媒體
的話之投資人一路作多，最後是慘賠還是大賺，答案已很
清楚。

二、87年金融股大崩跌之放空戰役

民國87年2月台股有兩大類股正位在崩盤前的「逃命反彈波」中！由技術線型看，這兩個類股（金融、營建）都位在週線趨勢頭部之右肩，**由向量指標研判，未來的跌勢將會很大。**

於是在87年2月11日，我在電視上「全國唯一」警示標題：「金融：很抱歉！還要守苦窯！」「空！愈跌愈賺！」〔如圖44所示〕。當時指數收在1516點，果然是四年

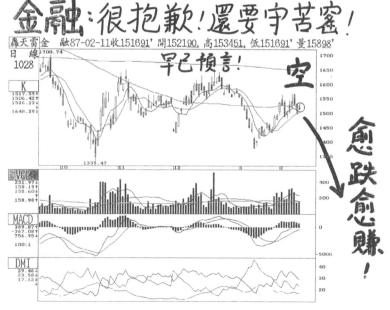

圖44 87年警示金融股將暴跌原稿證據。

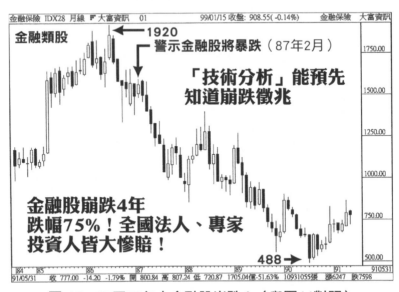

圖45　87至90年之金融股崩跌！（與圖44對照）

長空走勢！一路慘跌到90年7月，最後才在政府大舉急救金融業與營建業而起死回生！〔如圖45所示〕。

　　四年長空走勢，金融類股由1920點慘跌到488點，跌幅高達近七成五！營建類股更崩跌九成！許多投資人慘賠甚至傾家蕩產！法人主力中實戶也全部慘賠！而我與我的會員不但絲毫未受傷，反而因放空而成為當年的大贏家。金融股如今（101年9月）又將是一個很大的「轉折點」！

經驗啟示

　　觀察一個暴漲或暴跌的大行情，往往由日K線看是看不出什麼跡象，必須把週期放大，改用週線或月線研判，才容易看得出「線型」。如此才能避開暴跌之風暴或賺取暴漲之契機！

三、營建股國揚崩跌之放空戰役

　　國內的營建業在87～88年間出現了嚴重的不景氣，許多上市的營建股接連暴跌或下市！**是否可從營建股的技術線型看出將會崩跌的跡象？當然可以。**

　　從月線上看營建類股，在87年3月已是明顯的跌勢反彈波，從量能上看也已漸衰；**再以精確的向量系數研判，此刻（87年3月）已正面臨了「急跌的臨界點」。**

　　而正當營建股在大急跌前之際，有一支逆勢股國揚（2505）在抗跌硬撐，**利多消息不斷。當時國揚在50元附近築底，市場喊上看80元，而我卻在10月28日在電視上

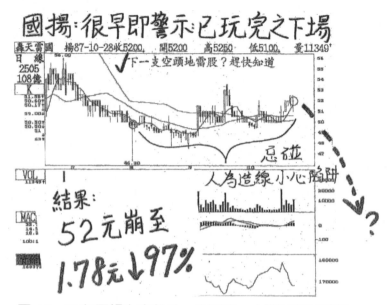

圖 46　87年國揚在崩盤前，全國唯一之警示原稿證據。

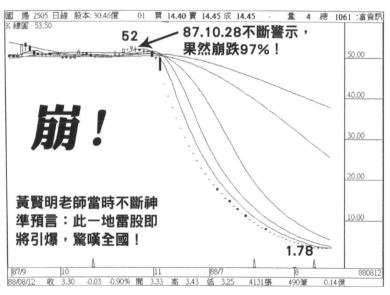

圖 47　國揚52元就不斷警示，果然崩跌至1.78元。

「全國唯一」特警示標題：「國揚：很早即警示：已玩完之下場，空！」副標：「忌碰，人為造線，小心陷阱」！〔如圖46所示〕。若非有驚人之研判功力，絕不敢在全國人面前大膽預言的，而且是全國唯一！

結果，當日收盤52元後沒幾天，**國揚果然開始崩跌，天天一個價「跌停板」**！一年後跌到只剩1.78元！跌幅高達97%〔如圖47所示〕。**神準預言，驚嘆全國**！當時有許多全國各地避開國揚崩盤的投資人，紛紛傳真或寫信向我感謝萬分！

經驗啟示

投資人不可只專注短線上的線型或指標上，更應掌握「類股」之產業前景。例如營建業在87年上半年，到處都是營建股不利的消息，這時你就必須立刻核對營建股的長線走勢與指標，當營建股跌破長線的趨勢線，即確認將會有一個驚天動地的大暴跌或大崩跌！〔如圖48所示〕。

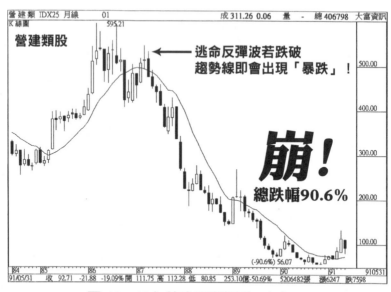

營建類 IDX25 月線　01　　　　　　　　　　成 311.26 0.06　量　-　總 406798　大富資訊

K線圖　　　595.21

營建類股

逃命反彈波若跌破
趨勢線即會出現「暴跌」！

500.00

400.00

300.00

崩!
總跌幅90.6%

200.00

(-90.6%) 56.07

100.00

|84|85|86|87|88|89|90|91|910531|

91/05/31　收 92.71　-21.88　-19.09% 開 111.75　高 112.28　低 80.85　253.10 量 -50.69%　5206482 張　漲6247　跌7598

圖 48　87年營建股崩盤到91年初。

　　由以上高精準之研判，證實了唯有學會了「贏家技術分析之高功力」，才能避開股市投資的大崩跌與大慘賠！同時，股市暴跌到谷底你也才有充足的現金買在最低點，你又是一個大贏家！

　　101年9月的營建股之月線指標如 KD、MACD 及 12日線（等於日線之年均線）均在上升中，**但趨勢已弱，投資人宜特別謹慎！**遠雄（5522）、國揚（2505）、鄉林（5531）是未來走勢的風向指標股。

第八篇

台指期的倍數獲利策略

第1章
未來趨勢
台指期將更熱絡

一、最簡單的投資工具

全世界股民密度最高的地方應是香港，其次應該就是台灣了。投資操作股票有一定的樂趣，當然也有相對的風險。但個股與類股的變數實在太多，同時又常受到大盤的利多與利空影響，法人忽看好、忽又看壞，一會兒公司又爆發什麼壞消息，好不容易碰到空頭市場放空，卻常碰到公司護盤或實施庫藏股、法人護盤、政府護盤等等狀況，惹得你滿肚子火。

不過台指的操作就單純多了！它不會有那麼多亂七八糟的雜訊干擾，只要你掌握好大盤的多空脈動，即可在市場上大賺；但相對的，它的風險也很高！

台指經歷過去十五年的市場歷練，已蛻變為一個成熟的商品，過去幾年「空交」佔了大部分的市場，但自民國

95年初起，政府大舉降稅六成，投資人的交易成本大幅降至「合理」範圍內，手續費則看個人與證券或期貨公司的談法。簡單地說，**目前的台指交易成本是可以作當沖的**（以前稅費太貴，風險又大）。要善用1分鐘K線！

二、台指的特性

◎ 1. 10倍高槓桿的投資損益

概算大盤與台指同樣上漲2％（5000點 ×2％ = 100點，再以1點200元 ×100點＝2萬元），則大約是保證金成本（假設一口保證金是10萬）的2成，即賺（作多）或賠（作空）2萬元。若是台指漲10％，你若作多可賺一倍；若作空（看錯），則保證金賠光。

◎ 2. 投資人的必要條件與重點

（1）一定要懂停損與停利，一定要有3口以上的資金只作一口的單，沒技術分析功力的最好別碰，因為肯定輸光。

（2）台指無法做長線投資，只能做當沖、隔日沖或一般之大小波段操作，因為每個月要結算。

（3）絕對要順勢操作：最簡單的「勢」即是「以 KD 與 5MA 同向」，謂之「順勢」。

如果你懂技術分析之技巧，順著多空循環操作，你會覺得台指並不難做。

（4）台指風險高，因此記住我的叮嚀：不懂不出手，沒把握也不出手，沒準備更不可貿然應戰！這三大原則你若做得到，猶如三張法力強的護身符在你身上。如果再懂得操作技巧，那就只是多賺還是大賺的問題了。

（5）投資人心理壓力大，除了指數忽漲忽跌之多空壓力，主要也是因每一點是 200 元（大台指）。如果一不小心急跌 100 點（作多），一口就賠 2 萬元，10 口即賠 20 萬，反之、作空即賺 20 萬。

有一「藥方」可使投資人減輕點心理壓力，且操作會較理性；即投資人不妨先以小槓桿的「小台指」進行操作，一點贏輸只有 50 元（大台指的四分之一），等你真正在小台指操作上賺錢，再轉戰「大台指」。

這是個很重要的策略！因為萬一你還是輸，至少也證實了原本你應賠 100 萬（假設），而現只賠 25 萬，少賠了 75 萬（少賠四分之三）。

（6）台指投資有選擇彈性，除上述大、小台指之別，其他就是在大盤（含台指）在盤局、沒多空波段行情時，可轉做電子期或金融期。就我的經驗看，會有70％的多空波段行情機率。

（7）投資人一定要想辦法將手續費成本壓低，才有機會獲利，這點是投資人最常忽略的事。

（8）投資人應盡量使用電子交易平易，速度快，且手續費現在都很便宜；如果現在用人工交易，是非常落伍且不利的，因為速度快且滑價大，易吃虧！

第2章
台指波段的
走勢特性

一、與大盤有同向性

　　基本上所有金融商品的期貨對現貨都有「同向性」；即現貨（大盤）強漲，期貨也會強漲，大盤下跌，期指也跟著下跌。**基本上是期貨跟著現貨走。**這也是為何現在的投資人漸漸喜歡期指的操作，連中長線的基金投資人也開始流行「指數基金」投資的主要原因。

二、在小細波上、與大盤有時又有「不同向性」

　　「不同向性」並非與前一點說法有所矛盾。試想，幾十萬人天天在盤中的兩個市場（大盤現貨與期指）衝進殺出，怎麼可能每個波段走勢皆完全一致、一點不差？**所謂不同向性，多發生在：當大盤在上升末端時，往往期指會**

先止漲彎頭向下；而大盤下跌末端中，有時期指也會先行止跌彎頭向上。之所以會有領先之漲跌原因，多半是政府在護盤或法人作價硬拉，抑或法人先行出貨殺低所致。也會見大盤已漲弱，但期指仍再上衝，或大盤已漸止跌，期指仍再下殺。

📈 三、當台股走勢與大盤不同時該以何指標為依據

許多投資人在上述「不同步（不同轉折）」的狀況時，常不知該如何操作，因而經常賠錢。其正確的操作法應是：「以台指的技術面為依據」。例如：當大盤在短線的分時線（例如15分線或30分線）還是 KD 上升、MACD 上升，但成交量已漸少；而台指 KD 指標呈高檔背離，且 MACD 開始轉跌。此刻投資人應先多單出場。據統計，大盤大多隨後會跟著反轉回跌或下跌。如果你是要等到大盤的分時線指標轉跌才出多單，則往往會少賺或加賠30～50點。

反之可知，當大盤在短線的分時線還是 KD 下跌、MACD 也下跌；而台指的 KD 指標已呈現低檔背離，且 MACD 已開始轉上，此刻投資人應先空單回補出場。據統

計，大盤多隨後會跟著反轉反彈或上漲。若你的台指空單不速回補，而要等到大盤分時線指標轉上，才補空單，則往往會少賺或加賠30～50點，或常見「原本空單可獲利、卻反而被軋賠錢」的例子出現！

四、證所稅大利空下的幸運商品

101年台股在證所稅的大利空下定案，且於次年（102年）開始實施。**主力與散戶群是否會將「資金重心」由「股票」漸轉至「台指期」，值得留意**，我認為這對有意「單純」操作的投資人是一大利基！投資人可以趕緊練好「技術功力」在這單純、獲利快（但風險也大）的台指期發展投資專業。

第 3 章
留倉與不留倉的
風險及策略

　　對大多數的台指投資人而言，「留倉」實在有難以承受的心理壓力與恐懼，因此大半散戶（含地下空交）通常只敢作「當沖」。如果多單不留倉，當然是避開次日開盤萬一大跌之風險，但相對也損失了萬一明日開盤大漲的獲利機會。

　　投資人想要當沖獲利，在立基上已不利，**因為時間越短（只有5個小時），對操作者的心理壓力越大**，相對的彈性也更小。除非投資人在技術方面的功力有一定水準，則仍有機會獲利或大賺，否則若像無頭蒼蠅一樣地亂衝亂撞，必定慘賠。**如果投資人能真正掌握留倉與不留倉的策略，則必能在台指操作上避開風險，大大增加獲利機會。**

一、留倉（多、空單）的策略

1. 在明顯多頭的上升波段，如日 KD 及 MACD 上升，且當日大買單明顯，則多單可留倉，再賺的機率大於賠。

2. 在明顯空頭的下跌波段，如日 KD 及 MACD 下跌，且當日大賣單明顯，則空單可留倉，再賺的機率大於賠。

二、不留倉（多、空單）的策略

1. 大盤（含台指）雖在多頭上升波段中，但已碰到（或接近）壓力區（或壓力線）時，則多單不宜留倉，因為次日變數多，且拉回或反轉下跌的機率遠大於再漲。

2. 大盤（含台指）雖在空頭下跌波段中，但已碰到（或接近）支撐區（或支撐線）時，則空單不宜留倉，因次日變數加大，且反彈或反轉上升的機率遠大於再跌。

3. 有放長假 3 天以上，國內及國際的金融、經濟、政治變數多。

4. **有重要選舉，而選舉的變數本就常令人看走眼，甚至還有完全令人意想不到的事件發生。**例如民國93年總統選舉期間所發生的319槍擊案事件，選後開盤兩天暴跌922點，做台指多單的投資人，做100萬慘賠200萬，作空者則暴賺2倍，空手者則幸運地不賺不賠，但卻可在底部有「全部資金可投入」的利基。

切記！不懂或沒把握，或變數大時，不要硬賭押一個方向（多或空），否則必定10賭8輸，而「空手不留倉」則是最佳策略。至於「變數大」的多空大行情，運用「選擇權」的技巧搭配，仍可因此安全獲利。

第 **4** 章
台指期贏家實戰心得與
五大致命陷阱

　　台指是一種最簡單的投資工具，它沒有個股基本面及人為天天變來變去的變數；基本上，你只要仔細研判大盤走勢與多空轉折即可。講來雖簡單，大賺者亦有之，然而多數投資人多是賠錢下場；**其贏輸之關鍵，全在於技術功力與操作策略。**

　　台指是個股的10倍槓桿損益，若你操作股票賠7％，在台指則是慘賠70％；反之如果你操作股票賺7％，在台指則是大賺70％。又換言之，如果你投資股票要十年才能成為千萬富翁，操作台指只要一年即可；反之，如果投資股票三年輸光，換算為台指，只要三個月就可賠個精光！

一、贏家心得：發大財的前提是技術功力要強

　　許多投資人操作台指，只看到「很快就可發大財」的

表象，殊不知也可能會「很快輸光」！金融投資業我看了十幾年，對於指數期貨這多年來的血淋淋市場或且稱之為金銀島淘金地，個人對它是格外敬畏與謹慎。

以一個專業股市專家，在台指期初上市時，我即知道**台指是相當難纏且陷阱非常多的投資市場**。因此，我開始蒐集無數的「資訊」，並積極「研究」它（當然也繳了無數「學費」給它）；直到成功後，才開始對外發表自己的看法與經驗談。

很多投資人都會問：「台指可不可以做？」我的回答通常是：「**如果你沒精通技術分析，最好不要碰！如果你膽子小又保守，也不要碰！反之，如果你有膽識又習慣短線操作，只要找對老師學到技術功夫，就可以向台指期的金銀島邁進**」，而我有一個超捷徑的贏家祕笈。

二、台指期5大致命陷阱

台指期要多、空操作真正獲利，**唯一的方法就是「順勢多、空操作」**，同時在盲點區要空手，否則極易陷入大賠、慘賠的陷阱！

1. 不知趨勢多或空，不斷逆勢操作

　　許多投資人包含專家名嘴都不太了解多空趨勢，例如週線、日線、60分線、15分線、5分線……的各指標如KD、MACD、10日均線、趨勢線……，**各個多、空、漲、跌、盤之同向與反向，天旋地轉！不知該以何指標或週期K線為準。**或明知是跌勢硬要作多……。

2. 不設停損，以致大賠或慘賠

　　一般標準的短線台指期操作的停損點是約30點左右，**若設在10點左右是錯誤的。**停損的方式或技巧有很多，有時一根K線即可確認要立刻停損。**如果不設停損而又發生在逆勢時，到了最後通常是大賠或慘賠！**建議投資人宜用電子下單，且停損方式與關卡應先想好並堅定執行。

3. 沒事前準備，匆忙中誤判與下單

　　台指期的交易節奏非常快速，尤其每天的開盤經常是用跳空（上漲或下跌）**若你沒有在事前準備各種狀況與應變，則很容易吃虧與賠錢。**

　　例如，很多時候跳空上漲是一個最重要的關鍵〔**如圖49所示**〕，101年9月12日早上8點45分的跳空上漲59點，

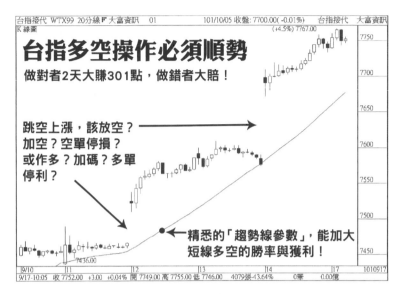

圖49 操作台指一定要有「預先的各種準備」。

你可能會想：放空？拉回再買？待漲碰壓力轉跌再空？空單續抱？……，結果3天後一路上漲到7767點止共漲301點！如果你當時的判斷錯誤而逆勢作放空，**則肯定是被軋慘賠；反之，立刻作多則大賺！**

4. 資金控管失當

例如在盤局中仍不斷忽多、忽空、忽停損，這種格局應空手勿盲衝，因為利小賠率大。**同理在主升段時應大舉作多，或主跌段也大舉作空**，而你卻小量多、空，這種趨

勢盤是一定要多押資金順勢操作，**若資金控管方向失當，則很快就會賠損光！**

5. 太信指標理論錯誤之盲點與觀念

許多投資人都有學過技術指標理論之 KD、MACD、K線、波浪理論⋯⋯，**在實務上之盲點陷阱**，本書在第六篇有詳述。而這些盲點陷阱若不能破解，則操作台指期必然很容易快速賠光！

第九篇

如何以「程式選股」找黑馬飆股

第 1 章
程式選股系統之
原理與操作

一、即將流行之投資工具原理

「程式選股系統」是近年來國內逐漸流行的投資操作工具，這在國外已是專業投資者普遍之選股工具。

「程式選股」是依據設計者的指令，將選股的程式（公式）輸入。例如，「個股波段的起漲點（作多買進）」、「個股波段的起跌點（作空賣出）」，這是程式選股的兩大主軸。

而「個股波段的起漲點（作多買進）」又由十幾組以上的程式所組成，而每一組程式又由一、二十個條件的組成。每家「程式選股系統」的程式都不可能一樣，有的很精細且很精準，也有很多是誤差很大，精準度不夠。

基本上，投資人要有一個認知，選股系統、或操作系統（有附多空買賣訊號），都是由該專家所設計，若「該專

家」技術功力強，則其系統功能必強；若「該專家」技術
功力差，則其系統功能必差。

📈 二、程式選股之操作

　　使用者不必管那些複雜的程式與條件，你只要先確定
你是要「作多」還是「作空」？**如果你要作多**，你就由作
多的3個按鍵（1、短線強勢股；2、成長型強勢股；3、底
部轉強股。）中選擇。選擇也很簡單，**除了在「跌勢」選按
「底部轉強股」鍵之外，其餘皆按「短線強勢股」或「成
長型強勢股」鍵即可**（這兩個鍵之選股有互補之效）。

　　如果你要作空，你就用作空的3個按鍵（1、短線空頭
股；2、衰退型空頭股；3、頭部轉空股）中選擇。選擇也
很簡單，除了在「漲勢」選按「頭部轉空股」鍵之外，其
餘皆按「短線空頭股」或「衰退型空頭股」鍵即可（這兩
個鍵之選股有互補之效）。

　　以上程式選股系統之操作方式非常簡單，但操作不太
一樣，而且只要30秒左右（但有時較複雜的條件與公式
時，則會延到1～2分鐘後）即可選出強勢黑馬股（作多）
或空頭急跌股（作空）。註：每個人的系統方式不同。

第 **2** 章
人工選股與程式選股之
優缺點

一、人工選股之優點

1、**可以詳細檢查各項條件**，如 KD、MACD、DMI、
成交量、主力庫存、及大循環之週線、月線的壓
力與支撐，甚至基本面之營收、獲利、成長率、
EPS、本益比、題材、除權還原……等。

2、**用人工看線型（日線、週線、月線）可以看出許多**
電腦無法判別之線型，而如果是專業內行人則可一
眼看出是某個線型。

二、人工選股之缺點

1、**現在台股共有1400多支股票**，如果要一支一支詳
細檢查尋找強勢黑馬股，而一支個股快速的重點檢
查至少也要3分鐘，全部檢查完就要花上70個小時

（等於要8個工作天）！就算挑出50支重點個股檢查，也要花5個多小時，剩下1350支個股難道沒有遺漏的黑馬股嗎？

　　因此可知人工選股已是完全不合乎時代了。想想看，**現在早已是電腦科技時代，所有的工商業、軍事、醫學、教育、科技、行政……。全部都是經過電腦程式分類處理分析**，所以人工選股方法已是被時代所淘汰。

2、人工選股雖可詳細檢查條件，但每一支股票至少會有十幾個重要條件，**投資人絕對不可能每一支股票都「逐一有序」的檢查，一定會遺漏很多的重要檢查**，而使檢查的效果與精確度大打折扣。

3、如果要用人工的選股方式在盤中選股，那根本不可能有那麼多時間。黑馬飆股往往在盤中整理完即立刻拉升大漲，此刻若用程式選股系統選股，則可立刻鎖定買到而大賺。

4、人工選股有四個致命大盲點，就是「人為主觀」、「猶豫」、「判斷錯誤」與「遺漏」。而電腦程式選股則完全無此盲點！

ⅲ 三、程式選股之優點

1、程式選股是可以將「各式黑馬飆股之公式」複製，然後輸入系統，並以超快速30秒左右即可篩選出來（作空則是篩選弱勢急跌股），選股速度比人工選股快上一萬多倍！

2、電腦的程式選股是「絕對精準與客觀」的執行所輸入之每一黑馬飆股條件；簡言之，就是不斷的複製「黑馬飆股」，不會弄錯或漏失任一條件，比起人工選股好得太多。

3、在盤中選股可以在30秒左右立刻選出強勢黑馬股，這也是人工選股絕對無法做到的。

4、一套能讓投資人經常選到黑馬股或飆股的系統，它的價值即遠勝過投資人以年費50萬加入股市的特別會員！

ⅲ 四、所有程式選股之共通點

1、盤中與盤後皆可使用執行選股。

2、所有選出之「強勢黑馬股」，在實務上一定會有誤

差，原因不少。**每一支個股都有潛在的變數，例如，主力法人彼此對作，或公司派與主力對作，或公司基本面變化，或大盤突發利多或利空……等。**另外的原因是，電腦程式的先天限制，必須由「人腦」以專業贏家之經驗再過濾一次。如何以「專業贏家之人工過濾」，**有的特製作了一份「操作手冊祕笈」，提示操作技巧與如何以人工方式稍加過濾。**

3、所有程式選股系統皆是「多空皆可操作」，但投資人要如何「作多」或「作空」？**一般系統是沒有附建議或提示公式，有的會附一套多空操作之參考公式，但用戶要自行進出決策。**

📶 五、程式選股之缺點

1、程式選股所選出之個股（例如有 10 支），**無法按強度順序排列，都必須經過人工以經驗稍加過濾再排列順序。**

2、**所有程式選股系統一定是以「大盤漲跌」為主軸，不可能大盤在急跌，而有選出之黑馬股仍不斷在逆勢飆漲。**但若大盤在「回檔」或「非大急跌」，則

仍會有黑馬股可以逆勢飆漲。這點，我有非常豐富的實戰經驗供大家分享。

3、程式選股無法測出所選出之個股完整而精確的「壓力區」、「均線壓力價」、「支撐區」、「均線支撐價」，這些都必須經由投資人的眼睛過濾。

若只是在表面上附註「××壓力價」、「××支撐價」，是絕對無效益的，這點，一般投資人是無法認同我的看法。但只要我在課程中畫個圖解說一下，相信大家就一定會相信我現在所說的「贏家經驗」。

這些壓力、支撐不但在日Ｋ線，還在週Ｋ線、月Ｋ線。因此，只要程式選股系統所篩選出之個股，再經由「人工過濾」上述之「各壓力」與「各支撐」，即可選出投資人所想要的「強勢黑馬股」（作多），或「弱勢急跌股（作空）」。

我的經驗是，如果一個投資人有「紮實的技術功力」，則在「過濾程式選股」會有非常大的幫助。

第 3 章
程式選股鎖定黑馬飆股之
實戰精例

一、買到即狂飆16支漲停之飆股──美格

1、飆漲之條件

98年8月25日盤中打開程式選股，按鍵後約30秒即鎖定（篩選）出15支強勢黑馬股，其中美格（2358）排序在第一支，〔**如圖50所示**〕，當時收盤在9.08元。

從線型上看，美格打底了兩個月，今日上漲長紅有量。週線是初升段完成將走至升段，且主力庫存已明顯呈現主力在吃貨，在技術指標，股價已突破均線群，**而趨勢正在暴漲的臨界點上。於是盤中的過濾研判是：「可以立刻買進！」**〔**如圖51所示**〕。

「盤後版」亦可當日收盤後鎖定，待次日一早搶進。果然，美格次日開平高盤後，直拉至漲停收盤鎖住。第二天起即開始天天開收盤一個價──漲停，**一連狂飆16支漲**

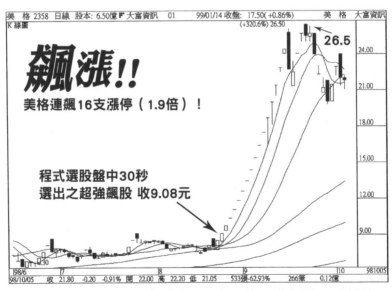

代號	股 名	項目一	項目二	項目三	項目四	項目五	項目六	項目七
	[日線] [1.短線強勢股 回溯日期:980825] 條件15或者條件16或者條件17							
2358	美 格 ● √	1.00	1.00	1.00	0.00	1.00	9.08 △	8.08
2462	良 得 √	1.00	1.00	1.00	1.00	1.00	44.60	39.40
3027	盛 達 √	1.00	1.00	1.00	1.00	1.00	12.55	11.35
3294	英 濟 √	1.00	0.00	1.00	0.00	1.00	19.30	17.50
3526	凡 甲	1.00	0.00	1.00	1.00	1.00	90.00	80.50
4126	太 醫	1.00	1.00	1.00	0.00	1.00	68.90	61.90
4127	天 良 √	1.00	1.00	1.00	1.00	1.00	22.40	19.50
4909	新 復 興	1.00	1.00	1.00	1.00	1.00	36.80	34.00
6108	競 國 √	1.00	1.00	1.00	1.00	1.00	28.20	25.40
6134	萬 旭	1.00	0.00	1.00	0.00	1.00	62.30	57.50
6143	振 曜 √	1.00	1.00	1.00	1.00	1.00	55.20	49.10
6167	久 正	1.00	1.00	1.00	0.00	1.00	4.10	3.71
6187	萬 潤 √	1.00	1.00	1.00	1.00	1.00	21.70	21.00
8042	金 山 電	1.00	1.00	1.00	1.00	1.00	52.80	48.90
8249	菱 光	1.00	1.00	1.00	1.00	1.00	19.00	18.20

打"√":黑馬飆股 其中「美格」是超級大飆股!

圖50 98.8.25程式選股選出之強勢黑馬股原稿證據。

飆漲!!
美格連飆16支漲停(1.9倍)!
程式選股盤中30秒 選出之超強飆股 收9.08元

圖51 程式選出之美格連飆16支漲停!(與圖50對照)

停到26.1元！漲幅高達1.9倍！〔如圖51所示〕

試想，在1400多支個股中，我們如果是用「人工選股」，怎麼可能在僅僅30多秒中即能選出這種狂飆的黑馬飆股！這證明了這套「程式選股系統」確實功效強勁！

2、程式選股績效統計分析

8月25日所篩選（鎖定）出之15支強勢股〔如圖50所示〕，依排序是：**美格（2358）、良得（2462）、盛達（3027）、英濟（3294）、凡甲（3526）、太醫（4126）、天良（4127）、新復興（4909）、競國（6108）、萬旭（6134）、振曜（6143）、久正（6167）、萬潤（6187）、金山電（8042）、菱光（8249）。**

（1）、**買進後即大漲約五成至二倍之股有美格（狂飆1.9倍）、良得、盛達、英濟、競國、振曜、萬潤等7支，占鎖定之股（15支）的二分之一，平均漲幅約七成。**而大盤在期間之漲幅（從8月25日之6800點到10月的高點7800點）為15%。**漲幅比大盤強出3.6倍！**

（2）、買進後只小漲一成至二成之股，即與大盤同步之股有：凡甲、太醫、天良、新復興、萬旭、金山電、菱

光等7支。

（3）、買進後即小跌一成左右之股是：久正。

由上述3項分析，所選出之個股近一半是大賺，近一半之個股是沒賺沒賠白忙的，有15分之1（1支）是小賠的。

如果程式選股所選出之個股再經由「操作手冊祕笈」之人工稍加過濾，則獲利績效一定會更好。不過一定要先說明的有兩點，**一、不是每一家「程式選股系統」之績效都是相同的，績效良劣差很多。二、上述所舉例之某日績效不保證每一天或未來的績效都相同，更不保證未來獲利。**一定會有一些誤差，因為每一天都有不同的多、空因素影響。因此重點就在，**如果投資人要使用任何之「選股系統」前，一定要先做績效測試與比較。**

二、複製玉晶光飆漲7倍之解析與啟示

玉晶光（3406）在暴跌（跌幅97%）谷底打底2年完成後，**終於在99年的4月1日起正式開始狂飆7倍〔如圖52所示〕！**主要的原因是，從前的毛利率兩年（97、98年度）低在6%左右（而94年度之毛利率為41.38%）！自99年度起開始明顯成長上升，同時營收與獲利也明顯成長！

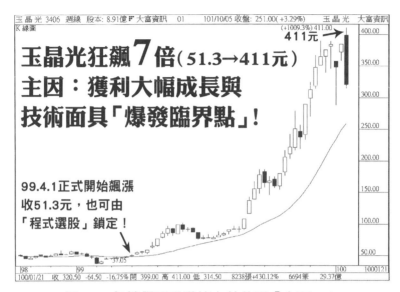

圖52　每檔飆股發動皆有其共同「密碼」！

　　在基本面與財報面達到「飆漲條件」後，即可由技術
面的各式飆漲條件（指標轉強、主力大買、趨勢反轉向
上、財報分析……），在99年的4月1日選到，或自己利用
電腦的「智慧程式選股」快速篩選出來〔如圖53所示〕。果
然由當天的51.3元發動飆漲，短短10個月狂飆到411元！

◎玉晶光飆漲7倍之啟示

1. 所有的飆股起漲點皆一定有跡可尋，有理可判。

2. 越是超級飆股（漲幅3倍以上），越是要靠強勁的基本面

```
F2:欄位排序 F3:選擇日期 F7:選擇類別  DEL:刪除股票
超級王牌選股                     日期:1011005(002)      筆數:  1/22
代號   股    名  項目三   項目四   項目五   項目六   項目七   項目八   項目九
[日線][3 成長型強勢股 回朔日期 990401]*********************************
1301   台    塑    1.00    1.00    1.00    1.00    0.00    0.00    71.30
1333   恩 得 利    1.00    1.00    1.00    1.00    1.00    0.00    18.25
1714   和    桐    1.00    1.00    1.00    1.00    1.00    1.00    18.40
2049   上  銀 ✓    0.00    1.00    1.00    1.00    1.00    1.00    59.30
2311   日 月 光    1.00    1.00    1.00    1.00    1.00    1.00    29.60
2501   國    建    1.00    1.00    1.00    1.00    1.00    1.00    13.85
2505   國    揚    1.00    1.00    1.00    1.00    1.00    0.00    23.70
2610   華  航 ✓    0.00    1.00    1.00    1.00    1.00    1.00    12.15
2887   台 新 金    0.00    1.00    1.00    1.00    1.00    1.00    13.20
2915   潤 泰 全    0.00    1.00    1.00    1.00    1.00    1.00    77.30
3071   協    禧    0.00    1.00    1.00    1.00    1.00    1.00    17.60
3229   晟    鈦    1.00    1.00    1.00    1.00    1.00    1.00    16.00
3276   宇    環    1.00    1.00    1.00    1.00    1.00    1.00    10.25
3406 ● 玉 晶 光 ✓  1.00    1.00    1.00    1.00    1.00    1.00  △ 51.30
3596   智    易    0.00    1.00    1.00    1.00    1.00    1.00    87.40
4510   高    鋒    0.00    1.00    1.00    1.00    1.00    1.00    13.65
5515   建 國 雄    0.00    1.00    1.00    1.00    1.00    1.00    19.10
5522   遠  雄    1.00    1.00    1.00    1.00    1.00    1.00    72.30
6129   普  誠    1.00    1.00    1.00    1.00    1.00    1.00    27.00
6286   立    錡    1.00    1.00    1.00    1.00    1.00    1.00   363.50
8032   光  菱 ✓    0.00    1.00    1.00    1.00    1.00    1.00    24.60
8121   越  峰    0.00    1.00    1.00    1.00    1.00    1.00    67.40
```

99.4.1 選出22檔，證實玉晶光、上銀、華航漲幅驚人！

打「✓」：黑馬飆股（日後確認之勾記），本個人程式僅供參考。

圖 53　99.4.1大盤在頭部將大跌時，程式仍可選出黑馬股。

爆發題材（不含特殊投機股的離譜狂飆）。

3. 越是超跌的個股，越有機會狂飆。

4. 「智慧選股」或「程式選投」可以幫助投資人利用電腦非常快速（約1分鐘左右）將所有技術面與財報面關鍵數據一一過濾且絕對無誤。

5. 要想擁有精確的程式選股系統，投資人首先即是必須有相當好的技術專業功力。本書在各篇中皆有相當值得參考的實戰贏家解析。

終極飆股爆發祕技

第1章
飆股常見三大主型態與精解

一、大弧形底型態

「**大弧形式**」代表的意義是，股價大跌或崩跌後，經過長期的整理與換手，不耐久盤的投資人或法人（不穩定的籌碼）早已不斷賣出，而能在底部進場且經得起難耐的久盤（可能少則半年，多則3年、5年、10年）多是成功的投資人或能耐久戰的法人、大股東、中實戶、主力等。

想想，只要一個公司（個股）具有爆發力的題材，買著放著半年、一年、二年……，平時一年領個股息或除權，獲利都多大於5%以上，這已是目前國內定存利一年利率1.3%的多3倍！**最重要的是將會暴漲個五成、八成，甚至一倍以上的暴利！**所以底部越堅實越易飆漲！

如果你也是不耐久盤的投資人，**但又想買在暴漲的起點，則必須密切追蹤法人大戶的進出與技術面的臨界點。**

　　例如86年的台積電（2330）〔如圖54所示〕，在經過一年的「大弧形底型態」打底（週K線）後，終於在86年的2月下旬突破下降重要趨勢線〔如圖54之A所示〕；同時「反轉臨界值已＞90」，因此更確定是一個標準的長線飆漲的大（圓）弧形底型態。果然由61元一路飆漲到173元（86年8月）！漲幅高達1.8倍，若含除權息之獲利計入，則更高達3.4倍！時間才半年。

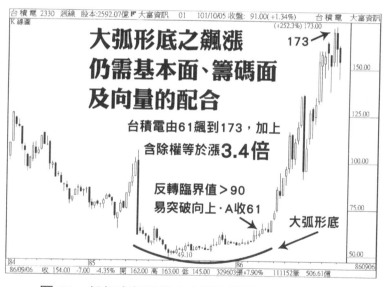

圖54　任何底部型態之大漲皆需其他條件配合。

◎如何複製大弧形底之潛力大飆股

首先將「大弧形底型態」之各項技術指標、平均線、主力動向、基本面、財報面……數據全部輸入電腦平台的「智慧選股」或「程式選股」，然後從台股的1400多檔個股一一詳細而嚴謹地篩選出來，再經自己的經驗與喜好過濾首選之個股。

例如在101年9月以中長期投資角度模擬篩選出一檔潛力股型態（不公開股名，只是單純舉例型態）。**股價打底10年！融資暴減至谷底，而主力法人庫存卻一路大增〔如圖55所示〕**，假設這檔個股每年獲利皆佳，本益比皆在10倍

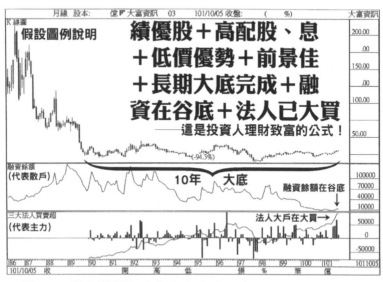

圖55　想安穩投資致富者之贏家公式與底型圖例參考。

左右，又是常年高配息或配股之績優好股，或稱巴菲特喜愛之股，那就值得投資人注意其「爆發的臨界點」及「可能會飆漲的大題材」何時出現？**類似這種長線大弧形底型態的，每年都會有好幾檔！待第十一篇有精彩詳述。**

📈 二、大 V 形反轉型態

基本上「大 V 形反轉型」大多發生在：暴跌或崩跌後之大利多政策、大利空解除或大護盤而 V 形反轉急漲。

這種的暴跌後之 V 形急漲型，在世界各國股市都經常見到，例如美股在 98 年 3 月 13 日（週 K 線）的政策大利多護盤，果然 V 形反轉大漲。佶優（5452）在 100 年 11 月 29 日也出現一次大 V 形的反轉上升型態（日 K 線）〔**如圖 56 所示**〕，漲幅急飆一倍！

上述已示，V 形反轉上升的主因是人為的突發因素，但在「反轉上升」的力道上通常是強勁；而在 K 線的組合上，常是一根長黑 K（代表當時大跌時的人心恐慌殺盤）加次日的下影 K 或止跌小陽 K（多頭孕育線），或跳空紅 K……，**若再次日是一根長紅 K 線且向上突破下降趨勢線即是此型。**

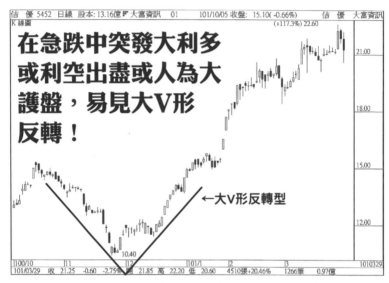

圖56　大V形反轉型又與籌碼面及主力策略有關。

　　大V形反轉型的操作重點是，空單一定要速補，否則易被慘軋！**想作多者，宜見安全站上10日均線為準。**至於波段的大小、轉折特點與波段的「座標」有密切關係，也與法人主力的「買超力道」大有相關。

三、漲勢中之底部型態

　　「漲勢中之回檔整理底部型」〔如圖57所示〕，常是一種飆漲2倍以上的成長型長線大飆股，例如近年的上銀（2049）、玉晶光（3406）、大立光（3008）、文曄

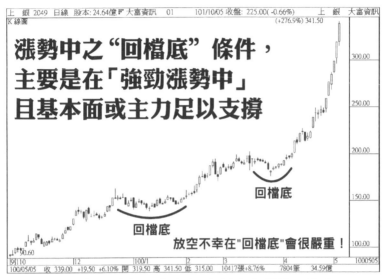

圖 57　飆漲之個股常會有3個以上之量縮回檔底。

（3036）、科風（3043）、協益（5356）、宏達電（2498）、
神腦（2450）……，上述黑馬飆股，皆飆漲3倍、5倍、10
倍不等。

　　此型個股之財報面（基本面）當然是具有爆發力的成
長，加上技術面的「臨界點」與籌碼面的「臨界點」，當
法人主力正式發動攻擊時（盤面長紅大量與媒體的大篇報
導），即是最佳的切入點。

　　本型在大漲勢上升的波段特點是，一波漲完（約五

成、八成不等）**拉回洗盤換手後，又再拉升一波，漲勢都相當壯觀。這種波段拉回（回檔）整理的底部特點是：「拉回量縮」，如果量縮越明顯即是越強的訊號（籌碼穩定）**，如果融資同時也下降更是好現象，代表散戶不安定的籌碼也降低了，某日見盤中又見急拉長紅大量，**即是該黑馬飆股「波段又再起漲的訊號」！**

例如玉晶光（3406）在99年的4月1日正式由大底部（頭肩底）反轉起漲的第一天可由「程式選股」精準且快速地篩選出〔**如圖53所示**〕，而波段的再起漲，也可再經由「程式選股精準選出」，例如玉晶光在99年的8月30日（收96.5元）的波段再起漲〔**如圖58、59所示**〕。

並非每個人的「程式選股」都能如此，而本書所提供之「程式選股案例」，皆為作者黃老師私人專用（非賣品）之研究工具，僅供投資人見識與參考，**同時所選出之個股，尚須使用者再經由「人工之功力過濾」（所有程式選股系統功能皆如此）**，例如自己研判其中可能最有機會大飆漲的個股。

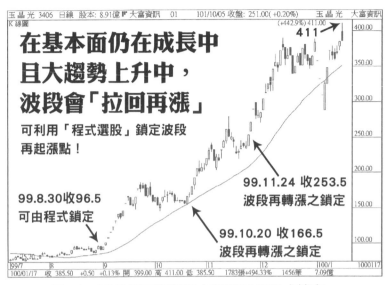

圖 58　玉晶光不斷飆漲之起點可用程式鎖定。

F2:欄位排序 F3:選擇日期 F7:選擇類別　DEL:刪除股票								
超級王牌選股			日期:1010930(000)			筆數: 1/8	
代號	股　名	項目二	項目三	項目四	項目五	項目六	項目七	項目八
[日線][1 短線強勢股　回期日期 990830]***********************************									
1301	台　塑 ✓	1.00	1.00	1.00	1.00	0.00	0.00	71.00
1455	樂　盛 ✓	1.00	1.00	1.00	1.00	0.00	0.00	15.25
2312	金　寶 ✓	1.00	1.00	1.00	1.00	1.00	0.00	9.56
2457	飛　宏	1.00	1.00	1.00	1.00	1.00	1.00	41.70
2706	第一飯店	1.00	1.00	1.00	1.00	1.00	1.00	32.50
3224	三　顧	0.00	1.00	1.00	1.00	1.00	1.00	12.75
3232	昱　捷	1.00	1.00	1.00	1.00	1.00	0.00	19.75
3406 ●	玉 晶 光 ✓	1.00	1.00	1.00	1.00	1.00	0.00	△ 96.50

上述之玉晶光、台塑、金寶日後皆大飆漲！

本書所列示之全部程式選股圖例，僅係作者私人研究之用。

打「✓」：黑馬飆股(日後確認之勾記)，本個人程式僅供參考。

註：任何投資人皆能編寫「智慧選股」或「程式選股」，但成效不同，且所選出之個股皆要經人工自己判斷再篩選！且在任何逆勢之選股，大多都會失敗，順勢選股才易成功！

圖 59　「程式選股」之績效建立在個人的技術功底。

第2章
八大飆股炒作題材之
應用與陷阱

一、每股獲利大幅成長或創新高

這是最直接也最誘人的基本面炒作題材，例如媒體大標題：「某某個股第三季每股獲利高於去年同期一倍！」驚人吧！**當然解讀這題材之幕後目的有二：一是主力法人貨吃飽了，即將正式拉抬股價；二是主力法人想藉利多出貨**，兩者的不同會使該股價有大漲與大跌之別。

如何研判此題材的真實性？**首先要查看該股價的波段座標（或基期）與大盤或該股的產業循環位置，及籌碼狀況、主力庫存動向，及指標、趨勢的顯示強弱……**。若已經大漲一波，則要小心是陷阱！

如果研判是主力法人已大進貨，且技術面正將強漲或續漲，則可大膽切進或搶進；反之，若當天開高走低，則應是「**出貨之炒作**」，這種機率很大，甚至會一天即「倒貨

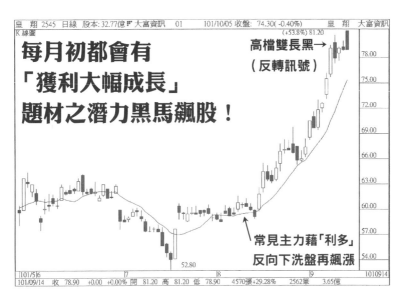

圖 60　主力法人洗盤量縮且買超即是將飆！

出光」而暴跌！但也有些是順勢下壓洗盤。

　　皇翔（2545）在 101 年 9 月大漲〔如圖 60 所示〕，即是 8 月初公佈的 7 月份營收比上月成長 62%！又比去年同月成長 797% 當天股價量大收紅，但主力下壓洗盤 4 天後即一路大漲 37%（時間僅一個月）！

二、高毛利率或毛利大幅成長

　　上銀（2049）在 100 年時狂飆 10 倍〔如圖 61 所示〕，

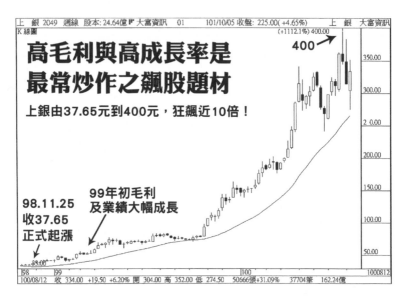

圖 61　上銀狂飆10倍之起點可由程式鎖定！

傳產股（工具機）能如此飆漲10倍且晉升400元高價股，確實是台股一大奇蹟與創舉！

　　上銀的狂飆最大主因與炒作題材，即是「超高毛利率」（99年初皆在30%左右）且「毛利率大幅成長」，比起法人散戶愛追的電子股之「毛3到4」好到10倍！而在台幣升值下，有些電子股只敢期盼「無毛到有毛」！而「毛1到毛2」的成長100%是沒啥好看的！當然就不易有炒作的飆漲行情。

少去碰一些低毛利率的族群（例如電子代工業）或個股，也就是「毛3毛4家族」。IC 設計業中有許多知名的高毛利率個股，如聯發科（2454）、揚智（3041）、智原（3035）……及其他高毛利率（大於20%）個股，投資人要自己多做功課研究，從電腦資訊中搜尋，才會從資訊中判查出炒作題材的真實性。**但高毛利個股在空頭時也會大跌！**

如果一檔個股，**毛利率多年保持在20%~25% 左右或以上，而每年的殖利率又多大於8% 或10% 以上，而價位又低在20 元或30 元，本益比常在 10 倍以下，假設法人大戶一直大買超，而技術線型又理想，**類似這種安全性高又具成長的個股型態，都是投資人未來尋找績優且具長線投資的個股方向。

📈 三、本業轉虧為盈

台股（尤其電子股）的特性比較偏重「本業的獲利」，「業外的收益」，除非比例甚大（如達每股5元甚至10元……）才具炒作題材。

「轉虧為盈」的詞義界定範圍極廣，即「實質意義」相差得非常大，因此投資人千萬不可見到 ×× 公司已經

「轉虧為盈」之媒體訊息或炒作陷阱，就立刻大舉買進而不加思考研究。常見轉虧為盈的陷阱是，表面上該季稅前EPS 賺 0.3 元！但還有其他不利的數據。

如果這家公司的轉虧為盈是在其「**產業循環**」已由谷底上升，那麼這種基本面的實質意義才具投資或波段操作買進。同理，如果大盤在空頭趨勢，或其產業仍在衰退中，那麼一時的轉虧為盈是不具買進的價值。**尤其是許多空頭崩跌股或暴跌股，常會有許多「利多或大利多」訊息報導，投資人經常一時失誤而慘賠！例如太陽能概念股！**

📊 四、接到超大訂單、生技醫藥獲利前景

這種大訂單題材經常可見，**主要是看「毛利率」、「EPS 的貢獻比」及「本益比位置」、「波段相對高低度」**……，才是具真正的上漲題材。

玉晶光（3406）是知名的手機鏡頭業者，也是美國蘋果的供應廠商之一，**因為訂單的大幅增加**，且毛利率的提升，使其由原（94 年 12 月）上市創高價 503 元一路崩跌到 15.35 元！經過一年的打底，而終於在 99 年的 4 月 1 日正式由 51.3 元發動（本書前已有詳述）**飆漲 7 倍到 411 元**〔如圖

52、53所示）！

　　許多的「大訂單題材」常是有不少的陷阱，甚至只有一日行情，投資人一買進就往往深陷套牢中！**而技術分析可以幫助投資人減少這種誤入陷阱的危機！不便公開舉例。**

　　生技醫藥大獲利題材已由基亞（3176）、云辰（2390）在101年9月領飆，未來幾年仍有數檔更飆悍，值得留意！

五、某大集團將（或要或已）併購或入主

　　類似此併購、入主之題材的是「借殼上市」。這類併購、入主、借殼的題材，**一般多是有一波大行情或數年大漲的走勢**。事實上投資人要「摸懂、研透」這真正的未來股價還真的很難，**只有該入主公司的老闆與重要有接觸的人或主管才容易知道「大略的趨勢」。**

　　原則上被購併或被入主、被借殼上市的公司，股價多半會大漲，**但也常見以前的主力或法人入主後，該公司即被掏空而負債累累，或人事紛亂、派系鬥爭……**，案例也甚多，而使得股價一路大跌、崩跌或下市！

　　國內政府對金融秩序、權益的管制與維護，已有相當

的經驗，尤其對「內線交易」的管制非常嚴謹，**因此投資人應在公開資訊網站中取得公開而合法的資訊研判操作。**

如果「訊息正式公佈」當天，該股急拉漲停，且大買單猛買，則多半是「真的有行情」，**不過還是要經過傍晚的交易資訊傳輸分析後，才較能更確定是「法人大戶的真動作？」**如果次日開高走低，那就是「法人主力看壞前景」，或法人對作，投資人宜速避開，例子甚多。

📊 六、龐大業外收益達一個股本以上

這是最有誘惑力的題材，可是也常出現藉利多消息而倒貨大跌，或只是公司還在「計畫中」，或公司「否認」……。**總之，這個題材一定要確認「何時會真的入帳？」**否則變數很大！陷阱也很多！我甚有經驗。

因此，**這型題材可分成三個等級（進度），一、消息面，二、已定案，三、將入帳。**例如中和（1439）在98年9月傳聞……而大漲8成！接著到了98年12月末消息明朗，又漲1.3倍！99年7月又有「入帳題材」（售大樓之每股約22元之獲利），股價又大漲7成！**同一個題材，股價炒飆了三遍，效益奇高！**每個這種題材案例多如此！

此型的題材最單純最好做（不限資產股），投資人宜把握市場的資訊，近年將會有許多類似之大利多題材，**只要從技術面掌握即可大賺飆漲之獲利。**

七、產業景氣由谷底上升

這種產業景氣由谷底上升之個股或族群，通常會漲幅很大，例如：產品原料、面板、被動元件、太陽能、EG、鋼鐵、汽車、營建、海運……數十種產業族群。投資人宜多方收集資訊及詳研，否則不幸買在仍在「衰退中」的產業，例如99年初的面板業……，則往往會大賠！

個股若屬「明顯產業循環型」，則千萬不能誤判。友達（2409）由96年11月的最高價72.5元慘跌至今的8.19元，崩跌達89%！可謂太驚人！類似之崩跌股如太陽能產業的合晶（6182）、益通（3452）、茂矽（2342）……之崩跌。反之，**若投資人能研判由谷底轉上的產業，股價也會一路飆漲數倍！這是最理想的長線投資方式，技術專業之功力可以幫助投資人在「谷底起漲區」研判，**當然大盤的波段高低與多空，也會明顯影響該個股原將向前的漲跌走勢。

產業景氣的研判確實需要相當的專業技能，但投資人

可以用最簡便的資訊收集，**再配合該個股或族群的「長期趨勢線」與「法人大戶的長期庫存線」**。例如92年2月的友達即符合此條件，即由22元一年急飆到79.5元，**漲幅達2.6倍！** 98年3月的裕隆（2201）也符合上述條件，即由13元飆漲到78元！**漲幅高達5倍！時間才2年多！**

八、土地資產開發龐大利益

這種「土地資產開發」的題材，在台股每年都會幾次的炒作，但有時會幾年即聯合大肆炒作，其中以民國76年至78年時最為瘋狂！**台火（9902）可以由29元一路飆到1420元天價（2年4個月時間）！漲幅高達48倍！** 驚人吧！如今當然不可能如此；但新紡、榮運、中櫃……一堆資產股，幾乎每年都有炒作的新聞，**例如101年9月國內的資產股又大肆炒作而大飆！**

資產股炒作的主因，通常是在「台幣開始升值或明顯升值」時，或「物價飆漲」、政府將開發或發展某地區、「房地產價格大漲」……。操作這種題材的個股真的比那些高深度變數大的電子股族群容易許多，**而且還容易賺大錢！** 不過也真是要有豐富的實戰經驗，有專家們共識：「**這種題材是聞到味道就可以判斷機會來了！**」也要小心法人

藉大漲出貨！

然而，**因為這種題材簡易且獲利大又快，且門檻低，所以各方主力或法人很容易介入炒作**。常見之陷阱是非公司正式發佈之利多訊息，或主力群灌水式的超大獲利潛力訊息。訊息的散播是由各種媒體及專家名嘴，投資人宜自己判斷，**我從不排斥這些「市場訊息」，這是我收集資訊的另一種反向判斷**。某名嘴說過：「政治是最高明的騙術！」，而股市也不是如此嗎？投資人宜慎過濾「新聞」！

曾有一些這類型題材的個股，在大利多消息散播後即**由高峰一路暴跌**！而常成為股市的新聞事件，投資人宜慎！

◎這類土地資產開發利益之題材，在進度上可分為六個型式：

一、只有題材，沒有任何開發的實質或積極進度；

二、有進度，還在變更土地計畫中；

三、土地變更已送審；

四、土地變更（例如工業區變更為住商用地……）完成將開發；

五、已在開發興建中（例如96年左右的厚生，101年的廣豐……）；

六、完工或標售入帳（最後一次的炒作題材）。

每個進度型式都可以炒、甚至年年炒，也多會上漲或大飆；但若碰大勢不好，或空頭市場，或主力藉利多出貨……，則反而會沒行情或下跌。

九、如何鎖定上述題材之飆漲起點

上述八大炒作題材之黑馬股或大飆股，是永遠不斷地在台股精彩上演。**如何掌握未來的飆賺行情，投資人一定要「靠自己的研究與努力」**。當收集各方資訊後，再實質分析該股的真正未來龐大潛力虛或實，**然後再從：「主力法人開始大買與否」、「技術指標之臨界點將何時觸發」、及「大盤的時機點」三大關鍵研判，找最佳的切入時機。投資人只要稍加留意與用心，其實這些機會是真的很多！**

第 **3** 章
飆股實戰操盤贏家
10大看盤絕技

一、第一根起漲 K 線即判知

飆股第一根起漲或起飆的 K 線條件，除了長紅、大量、大買超外，你更能知道：要多大的安全量？要什麼程度的大買超？及另一種更飆悍的「完美 K 線組」？

二、第一根長紅起漲之次日如何判斷是洗盤

飆股剛發動 ，通常會在次日洗盤再拉升，所以在上、下的小壓力與支撐間震盪可以視為「安全洗盤」，但還有兩種大動作是「高階與大行情」的洗盤動作。

三、能「預知」當日的震盪是「洗盤」而非「出貨」。

這對絕大多數的投資人而言會認為「太瞎」，怎麼可能？但若輕易「知道祕訣」後，又會說：「啊！我也知道，其實就是……」，而也有少部分人會「如獲至寶」。主力法人的「洗盤程序」是很細膩的，絕不會無故亂震盪洗盤。

四、昨日漲停鎖住，今日開盤漲停即打開

昨日漲停，今日開盤漲停若爆量打開，**當然是必須立刻先賣出！因為你不可能知道主力會向下洗殺多深。但你又能細分三個狀況，能緊緊跟隨飆漲的節奏，雖然屬高難度即時盤操作，但常能比別人多把握更多的強悍飆股。**

五、飆漲波段中的一或二根黑K，你能判斷是「洗盪換手」或「主力開始出貨」

90%以上的飆股都會在飆漲的一串紅K中出現幾次的黑K，甚至長黑K大量。**當然「盤中下壓洗盤不破昨日最低點」是第一關研判**；但往往會有一連串的黑K「考驗你的膽識與功力」，而你有一套完整而簡易的「SOP」操作技

巧，不會每次碰到「黑 K 或黑 K 組」，而常被主力洗掉或誤判至大跌賠損！

六、為何起漲的第一支長紅大量「準飆股」常會次日即失敗或出貨下殺

我也曾在無數的「假飆股」、「條件未成熟的飆股」、「條件成熟的飆股，但……（陷阱）」……中實戰摸索與研究。確實，近年的「一日行情股」很多，但研究發現皆有其共同的許多特點，其一是，主力或媒體或名嘴公開或暗示其大利多，次日在大漲中即立刻出貨結束……。**不過「技術面未達起飆條件」的案例比較多（可公式化）**，而你也知道。

七、如何一眼即知飆股是「回檔整理」

往往飆股在飆升的途中會「回檔整理」，時間通常是一週或數週不一定，除了「量縮」是關鍵之一，而你更能知道兩個重要技術指標的關鍵。

八、飆股的籌碼特點

我們已知「融資餘額要很少」、「主力法人要大買超」，這樣才有機會形成飆漲條件，而你能更精練地知道：「融資在多少數值下」及「主力法人要大買超在多少數值上」，才是飆股安全的起飆條件。

九、如何從「上有均線壓力壓」的一根紅 K，知道：「會突破且會飆」

這種上有均線壓力的條件下之突破而飆漲，除了「巨量長紅大買超」之特殊條件外，似乎根本想不出其他祕道。但事實上有不少剽悍的飆股都是如此爆發衝出的，主因是：向量比與技術指標的座標。此型飆股又稱之「潛射型飆股」，而你也能知道這最大密碼。

十、飆股行情結束的掌握

飆股行情的結束速度很快，尤其是中小型股本之飆股，往往在一、兩天即倒 V 型反轉急跌，除了最常見且最可怕的「陰線吞線 K 線」外，還有哪兩種 K 線及技術指標的訊號是「反轉結束」之關鍵？投資人也已掌握。

　　上述「10大絕技」及本書各章節之鑽研祕技，已公開無數技術實戰精髓，已是全國技術投資之書籍少見。同時更公開了投資人有心鑽研之「技術真經奧祕」，如此才能知道：「自己的金融投資技術功力」到何程度？還有多大的努力研究空間？

第 4 章
如何快速成為
飆股大贏家

一、要有「10倍速」操作的觀念

所謂「10倍速」，就是指你所鎖定的個股要能「長翅膀」會飛！如果你還是傳統客氣低調的投資操作觀念，那就不適合進入大贏家的俱樂部了。菜籃族的味口就是：「每天能賺個買菜錢就好」，結果呢？是不是經常「大賠、慘套偶小賺」？「10倍速」其實就是「技術操盤精髓」。

要有宏大的企圖心，才能產生「動力」！才會有機會獲取驚人的高報酬。因此當你定位要專攻黑馬飆股時，其實你已踏上贏家的第一步！

二、要有洞悉黑馬飆股操作的「時機策略」

黑馬飆股出現的時機是有一個特色的，絕不是一年365天都有，它也有所謂的「季節性」，例如在不對的季節去捕

撈高價的黑鮪魚群是白忙且賠錢的。

黑馬飆股出現的時機「可公式化」，同時這些黑馬飆股又有連動性，例如（假設）士紙漲停，就易連動新紡……。**空頭市場是不易有飆股的出現，但可短打強勢的小黑馬股。**不過，在「A級」的空頭趨勢下是不會有的。

📈 三、要有黑馬飆股的「買賣策略」

很多投資人如射飛鏢，幸運射中一支黑馬飆股，**卻不幸只賺到5%或一支漲停板就趕緊下車（賣出）**，還欣慰的說有賺就要「落袋為安」，結果往往又大後悔，**因為那些飆股又飆了8支、10支漲停！而手中的其他個股大多賠錢！**

我對飆股有深入的鑽研過，許多投資人往往不敢對剛買對的「飆股」立刻加碼！其實這是最重要的，「等拉回再買」的方式根本不適用飆股。投資人一定要有一套進出的策略，否則飆股的快速起飆與快速急跌，你根本會來不及。

📈 四、要會掌握盤中「飆股發動」的訊號

現在資訊的發達，即使上班族也可以輕易地掌握盤中大盤與個股的走勢。因此盤中當飆股發動的那瞬間要立刻

263

把握。

　　一般飆股的發動有四個常見型式：一、開盤即漲停板，運氣好還來得及搶進；二、開盤即拉漲5%左右，且大買單連續買進；三、開盤價在前波壓力價之下反覆小幅震盪換手；四、開盤即往下殺（洗盤後再急拉）……。有時往往只有兩三秒的時間可以考慮，我的工作與專業已非常習慣這種瞬間即刻要「決定」：搶進、加碼、或搶出！不能當機立斷或優柔寡斷者，不適合在盤中做如此急性的操作。

五、要懂得掌握「連續大波段」

　　飆股的波段分為三種型式：一是，一次大直飆漲即反轉急跌，泓格（3577）99年1月即是此型式，二是，略分為3段式，其中主升（飆）段漲幅最大，玉晶光（3406）101年即是此型式；三是，大長上升趨勢的連續性大小波段，也是容易大漲完即暴跌或崩跌，宏達電（2498）100年即是此型式。

　　上述各型飆股之波段操作，皆有不同的操作特點與策略，投資人宜自行從所有黑馬股中分類分型，定出自己的研判與操作策略。其中「連續性的大上升波段」，必與其基

本面有關。

六、要能破解技術面及籌碼面的「反轉臨界點」與「趨勢向量比」

金融投資或股市的操作，最後與最關鍵的「精髓密碼」即是：「反轉臨界點」與「趨勢向量比」。本書已不斷地分享與透露許多坊間未曾公開的祕笈、觀念與精髓方向，已算是國內坊間非常難得的「投資技術寶典」，讀者只要將本書多深讀幾遍，絕對會領悟出非常珍貴的投資技術結晶！若投資人有心研習更精髓之祕技與融和解析，我願真心分享所鑽研之經驗。

第十一篇

台股最具飆股題材
之潛力明星

Stock Market Strategy

第 **1** 章

尋找未來暴賺飆股之大戰略

一、從過去、現在到未來的「主力炒作策略」永遠不變

法人主力永遠是不斷地在輪流炒作黑馬飆股，只要具備「高誘人題材」，再加上時機配合，他們就會大肆炒作飆漲。當然，本書絕不述及那些毫無基本面且無真正題材，甚至賠錢劣質的個股。

綜研法人主力炒作策略的股市歷史，全球皆然。**就是：「鎖定最誘人的獲利或大遠景題材，然後暗地裡大舉吃貨，再做完美的媒體包裝發佈，當市場炒熱狂追時即默默獲利出場！」這一策略的關鍵就在，投資人必須自己先確定高誘人的「實質即將獲利入帳」或「確實開發計畫會實行且具高潛力獲利」，而非「畫大餅」或「惡劣的虛假題材」！**因為台股的資訊公開化且透明化，還有「公司發言人制度」。**投資人應自己努力研究與收集分析，本書僅提示**

及引領大契機之研判方向。

前版原書以此專業方式提供了3檔題材潛力條件研判方向（書內沒寫該股名、代號或暗示，以避免有炒作之嫌，且是法令所不允許，本次仍沿用此方式），**受到讀者群相當的好評與鼓勵。今在截稿前（101年9月）再以更銳利更深入的收集、分析、濃縮台股未來近幾年最具爆發力的題材**，以供中長線投資人的研究參考。

二、先立於不敗之地，再求最大的暴利契機

所有的投資或投機，都一定是先求如何做到「不慘敗」（即不會永無翻身機會或消失），再追求「最大的暴利契機」，同時還要尋求「贏率大」、「速度快」！

許多投資人每天都在追求「飆股」而盲進茫出，**沒有策略、沒有情資、沒有果斷力、更缺乏專業技術功力**，所以都失敗了。我有許多來自遠近各地的研習學員，上完課都如在股市「夢中驚醒」頓悟！而完全改變了以往的輸家賠錢操作，真正懂了如何挑選飆股、操作飆股。

269

三、要設好萬一的「停損」

天下沒有不發生的「意外」，而在股市處處都有意外，**因此再嚴謹的評估分析也都難免會有突發的意外與失算。**

然而，**如果你是要找一檔難得的題材大爆發，當然就不能用「短線的操作停損％」來應對**，否則很容易失誤。例如99年6月4日時你研判玉晶光（3406）會大漲或大飆而買在99元，結果立刻就下跌到77元，**跌幅達22％！**早已超過正常的「停損％」（如7％、10％、15％），這是飆股的起飆前最後一波洗盤測試，果然玉晶光就從77元一路狂飆到411元！時間才半年就飆漲4.3倍！當然萬一是真的大利空，就一定要先退出觀望。切記，**再好的時機或再有把握的股票，都一定會有風險與變數，本書所述之內容皆僅供讀者研究分析之參考。**

四、要找真正的「實質潛在大獲利」或「將入帳之大貢獻」

綜看近20年的台股炒作史，心得甚多且深。投資人一定要有豐富的市場經驗，才能精準研判市場炒作的真正目的。有些經驗是非常寶貴，在一般投資書籍中是根本看不

到的，**而本書已透露了無限寶貴經驗，當然還有更精髓的經驗與技術將傳授有心人。**

 ## 五、台股近年將會炒作的三大方向

在證所稅大利空下加上「8500點」鐵蓋心理壓力，未來大型股不易有大漲機會，只適合小型具有飆漲或炒作題材之個股或族群，**例如：即將開發或入帳，且具高潛力獲利之資產題材個股**；或有政府政策大利多的「生技醫藥」題材族群，其中若該股將有「**一個股本以上的潛在大獲利或實質大貢獻**」，則也易有爆發性的大行情！或長期大底部完成的超績優傳產股，且有龍頭地位或集團背景，若有潛在性大利多，則易成為黑馬大潛力股。

六、生技醫藥族群近年將有爆發契機

除了本篇所述資產大題材或將大筆入帳之潛力巨星外，**「生技醫藥族群」也將是另一閃耀的潛力巨星族群。** 由基亞（3176）在去年底由最低價的22.95元，**不到一年的時間即已攻上134.5元（截稿前）！漲幅近5倍！簡直是太驚人！** 最大的主因是，今年9月政府的生技醫藥政策的大利多發酵！且將擁有中國大陸近14億人口的龐大商機！

271

　　基亞（3176）不到一年即狂飆5倍，已為未來台股的「熱門名星產業」拉開了「飆漲的序幕」，更展開了未來的「比價效應」！確實台股在這國際不景氣的循環中，什麼都可以省，唯有「生病、醫藥」是不受景氣差的影響。因此繼基亞之狂飆第一槍後，已有數檔深具「炒作題材與超大獲益」之潛力黑馬股已逐漸浮出檯面，值得投資人搜尋研究與注意！

　　不要再去迷戀蘋果及……的神奇與天價或再創新天價！有專家是看「落日」！對電子股仍迷戀者，宜注意一些「超成長」的小型低價準飆股將是「電子粉絲族」的未來最愛！

　　因篇幅有限，且待本族群（生技醫藥）資訊再更加明朗後，筆者再另著述最具震撼台股的投資新契機及潛力巨星，以享有緣的廣大讀者！

第 2 章
5大飆漲題材潛力黑馬
值得注意

一、由4600億桃園航空城開發計畫鎖定2檔潛力黑馬明星

101年9月的中央政府桃園航空城計畫（註：101年9月19日工商時報大標題：）「投資4,630億航空城計畫開跑」，結合民間投資特定開發，對台股不但展現轟動的超大新聞與題材，**對該開發區的上市櫃公司個股，也帶來非常驚爆的開發潛力！**

1. 錯失當年「台北信義計畫」爆發契機之啟示

投資房地產與股市當然都要有獨到的眼光與遠見，28年前（民國74年8月）台股在大谷底的600多點，4年半後飆漲到12682點（漲幅高達20倍！）而房地產有關的明日之星「台北信義計畫，當時核心區的豪宅行情只在一坪12萬到15萬左右，當時那裡的環境放眼只是一大片的空地與

綠草。但誰會想到現在已是國際繁榮地標，**豪宅行情早已一坪超過250萬，漲幅約18倍！**

上述那爆發契機錯失的啟示是，**以後若有相類似的政策重大繁榮黃金計畫，一定要慎重與把握。**換一個投資角度也一樣，現在的「桃園航空城」4600億開發繁榮計畫，一定要以銳利的眼光，尋找出明日之星的大黑馬飆股！

2. 值得注意的2檔航空城繁榮計畫之潛力大黑馬

如果該股票符合投資人心中的潛力黑馬明星，必須具備以下條件：

（一）**股本小的優勢，如此法人主力才容易介入炒作或介入經營權之爭。**

（二）**若假設又將有董監改選之爭或議程，那就容易龍飛九天（股價）了！**因為董監事藏在「地底寶藏」的擁有權可能易主，那就後悔莫及了，**所以公司派一定不敢亂壓制（賣股）股價。**

（三）**籌碼穩定，**如果在日後（自本書出版上市後）要發動飆漲前，當成交量常在數百張以下之個股。

（四）融資餘額大幅下降在 25% 以內較安全（散戶少），或在谷底區。

（五）價位低，小於 50 元之股機會較大，若小於 25 元更犀利。

（六）本業若仍能賺錢更佳，或產業已轉旺，不要太在意去年賠個幾毛但有大題材。

（七）發動前夕出現技術面最強烈的「臨界點」訊號，若「趨勢向量值」越大，代表未來的漲升倍數越大！

（八）有「龐大的潛在獲利或將可入帳」之實質題材。

（九）如果該股又具有未來的交通便捷性更有機會！

台股目前（101 年 9 月）已有 2 檔符合上述幾個最主要的飆漲條件，而「發動點」待「浮動條件」（如融資與量……）具備下，當法人主力大舉買超後，某日出現週線長紅巨量！「趨勢向量值大於 85」……隨後媒體大幅報導（炒作），就是該黑馬大潛力股的發動時機了！

二、都會區內的土地已開發或售地，未來將有龐大獲利入帳之潛力大黑馬

1. 由過去的此型飆股案例研判大契機

所謂「未來將會有龐大獲利入帳題材」之潛力大黑馬，而後該股果真有了一大波段的飆漲之案例甚多。例如91、92年的泰豐（2012）的入帳題材，該股由8塊多兩年間即狂飆到35.7元！漲幅3.5倍！夠嗆吧！厚生（2107）的97年、98年的完工入帳大獲利題材，也由10元飆漲到34.4元！漲幅高達2.5倍！而中和（1439）的售辦公大樓淨賺約2.2個股本，股價也炒飆三次！黑松在101年9月的標售土地案，股價也炒漲了一倍以上……，因此未來在都會區內有超大題材者皆有機會飆漲！

2.「龐大入帳契機」擺在眼前，掌握飆漲的時機點

台股現有在都會區已開發之「未來即將有大獲利入帳題材」之個股為數不少，關鍵的重點在，該公司的開發案必須是在都會繁華區內，且交通便捷。投資人可以由收集之資訊（不含主力炒作吹虛之灌水大獲利），分類潛在大獲利比較、時間長短比較、相對本益比比較、淨值比比較、籌碼面比較、基本面比較、低價位比較、預估上漲空間比

較、及最重要之一的「技術指標及線型」比較，過濾分析發現其中有一檔最具「暴利契機」！

該檔目標在都會區內雖明顯（如果真有自己在努力收集分析），但投資人仍宜以「投資」心態，掌握中長線指標的發動訊號，即突破下壓趨勢線，MACD 轉上，且爆量長紅……，**即是正式發動飆漲的時機點！**隨後媒體大幅報導、市場震撼即確認。

📊 三、未來將遷廠，舊廠開發利益達「超誘人」的黑馬巨星

1. 主力大戶及飆股高手早已緊盯期待的「爆發訊號」

為何這檔大題材或稱為「潛力飆股巨星」那麼受矚目？因為它的「潛在獲利」非常誘人，同時它的「未來獲利之真實度」也非常高；至於本業之近年獲利尚可，而也具有低價的優勢。此資訊近期早已曝光多時！

投資人皆知，現在股市受到證所稅利空的衝擊，大盤的8500點早已是個天空鐵蓋。因此**唯有小型低價加「超誘人潛在大獲利」題材之個股**，才會受到市場法人主力中實戶等追逐，甚至有可能玩個「換人做做看」（董監寶座改

選）的狂飆行情！ 101年9月某股輕炒即飆1.5倍！

　　試想在這低利年代，唯有投資這種飆漲機會的個股才是王道。當然，任何投資都一定具有風險與變數，這是投資人自己一定要有心理準備與應變。

2. 交通要道旁遷廠後的「聚寶盒」

　　台灣在早期的50年代開始，有許多的傳統（食品、家電、塑膠、製鐵……）工廠都是大面積（數萬坪）的設在台北郊區。如今近半個世紀過去，現址（工廠）早已是都會區甚至是繁榮都心，如同一顆顆閃爍耀眼的寶鑽！

　　經過半世紀的台北地區周邊（如板橋、新莊、泰山、中和、三重、新店……）地價漲幅，可以用千百倍增值形容。86年曾有某市場派欲入主某知名個股，就是看中其廣大土地（廠房）的未來增值效益，**股價即默默地由25元一路飆升近80元，一年間狂飆2倍！**同期間的資產股如厚生、大同、勤益……等股價皆還倒跌。**可見若有市場派真欲入主某公司寶座，那該股就將如「聚寶盒」了！條件是一定要有可炒作之大題材。**

　　目前該股之公司異常低調，因為他們正在進行一個超大的「商場戰略」（我的研判），**如果此刻股價萬一飆上**

去，一定會影響到該公司的巨大計畫。所以幾次的上攻（股價）又被「不明」股票壓下。但金母雞早晚要生金蛋，投資人若真正認真搜尋市場資訊分析即知一切！

該股具有的資產飆漲條件大多已完成或定形（如低價、股本中小型、融資少、題材超大……）。現只待媒體大肆炒作前，法人主力大買超時，當指標發動飆升訊號而你也已知悉跟進！

📊 四、超績優傳產股且有大筆業外獲利題材，加 10 年大底完成

1. 不要再盲追電子熱，有些傳產股會有大行情

在台幣未來的「升值趨勢」下，以代工或外銷為主的台灣電子科技業將會有很大的衝擊。而績優質優的傳產股或中概股中，若產品又較不受景氣影響（符合巴菲特的投資標的理論），且有「良好企業形象」之個股就值得注意了。

2. 10 年大底完成的績優且有大獲利入帳題材潛力黑馬

該股價位低易誘人，融資餘額更少到近谷底（表示散戶早已退出），三大法人及大戶最近三個月來一路大買超，

前三年平均每股稅後獲利在2元以上，**年殖利率（前三年平均）約在5% 左右（比現在定存多3倍）**，從月線看是一個**很具吸引力的10年大底形**，月線的 MACD 上升中（而目前大盤是下跌），月線的「6日、12日、24日」均線皆上升的**長線大逆勢股**（而大盤之上述均線且 MACD 皆下跌）！

法人大戶的近期不斷大買超，難道是有很大或令人驚艷的大題材（業外大收益或轉投資大收益）？**專業贏家當然更能深入剖析，知道要好好緊盯該股的「發動起點」。本書已詳盡闡述。上述之5檔潛力題材個股，若「進場時機不對」仍會賠！**

3. 唯有自己研究搜尋才能養成飆股精技

上述5檔未來深具爆發潛力的炒作題材與未標名之個股（因避免有炒作之嫌與有違法令），**有待投資人自己按照「寶山尋寶之密碼」，自行逐一分析、過濾與研判，自行承擔變數、風險與獲利，相信應會有很大的收穫與助益！**

然而，**在「研判」與「比較分析」及「發動點的確認」**，確實需要相當豐富的經驗與技術功底。如果投資人自認需要加強研習或找有專精之專家，**一定要好好把握時機精學一技，才能在股市多空的市場成為真正的大贏家！**

結 語

本書共十一大篇，主軸為「黑馬飆股」，句句是珍藏經典，勝過二十年自行摸索；副軸為「贏家操作策略與技術分析精解」，內容高深度與高解析，全部是實戰贏家的結晶，對於一個剛入門的股市或金融新手，有著非常大的幫助；而對於股市老手甚至專業人士，更有大幅提升功力之效。

一個成功者，會不斷且渴望著吸取別人成功與失敗的經驗，因為吸取別人成功的經驗，可以加速自我的成功機率與加速成功；而吸取別人失敗的經驗，則可以警惕自己切勿重蹈覆轍。

這本書與市面上所有的技術分析或理財投資之書籍完全不同，不但沒有空洞且盲點百出的技術理論，只有實戰贏家的技術技巧。同時更震撼的是，本書是全國唯一敢大膽質疑現行國際熱門技術指標與理論之大盲點；當然，我敢質疑許多盲點，我自然有了全部的「破解密碼」。簡單的說，這本書沒有任何一個字句在談天馬行空之論，更無紙上談兵之事。

要成為一個真正的股市贏家，首先就必須要擁有專業贏家的技術分析功力，再加上自己的努力與毅力就可以成功。我教過許多的學員，我發現他們都有一個共同的特質，就是很渴望成為股市贏家而且很努力，這樣當然成功的機會就非常大。

然而，現在的電腦科技可以幫投資人更快速的大獲利，就是將黑馬飆股的程式輸入，複製未來無數的黑馬飆股（本書第九篇已詳述與分析）。選股快速而精準，加上若你有高深的技術功力稍加「過濾選股」，你將會享受到「點石成金」之獲利快樂。電腦程式還可飛快精算「財報分析」，精選出「長線質優大黑馬股」（本書第九篇已詳述）；且若在空頭市場時，一樣可精選出「暴跌之空頭股」！

這本書道盡無數成功與獲利的寶貴經驗，值得投資人深讀與典藏。如果投資人想進一步吸取股市技術分析之贏家精髓，我也非常樂意與有緣人分享我更多的經典技術心得與祕笈。

283

飆股秘笈 1小時精通

4小時學得股市精髓技術，點石成金晉升大贏家！

- 飆股要如何精選？如何研判洗盤與發動？

- 超級潛力飆股要如何尋找（財報？題材？主力動向…）

- 黑馬飆股要如何大波段操作？關鍵指標如何看？

- 飆股發動有哪3大公式？如何一學就會？

- 如何破解KD、MACD、DMI…指標重大盲點與陷阱？

- 如何學會技術分析最精髓的「向量」與「臨界值」？

- 如何不斷掌握多、空大波段的轉折？

- 全部實戰贏家技術精髓，非花拳繡腿空虛理論。

真心傳授・真誠感謝！

某股市資深學員上完課，很感性地說：「非常感謝老師！有兩點：一、感謝老師不藏私的真心傳授！二、以前我一直研究不懂的問題，今天都懂了！」………只要你有心學，黃老師一定更有心傳授！

8 大經典單元重點如前頁所示 【超值16K・機會不再】

學得黃老師鑽研秘技，功力立刻晉升「超專業技術級」！

傳授專線 (02) 8942-3508・0958-668826 (同行請免)

284

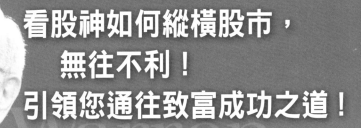

課程資訊

課程日期	課程名稱	講師	學費
2013／4／19、20、21（五～日）（僅此一場）	借力致富三部曲 絕對站上巨人肩（保證教會）	王寶玲、鄭錦聰 兩大超級名師（空前合作）	新台幣49700元（含教材、書本、後續VVIP服務及餐費），新絲路網路書店www.silkbook.com 會員報名本課程另有優惠。

人數

避免人數過多效果遞減，每位大師MAX.僅收學員100人，總共200位名額。

報名方式

❶. 即日起至報名截止前三週，將新台幣1000元訂位金匯入主講人帳號以保留您的座位：（先報名先訂位，額滿即不再收，敬請見諒。）

・**戶名：王寶玲**

・**銀行代號：007（第一銀行 興雅分行）**

・**帳號：155-68-028699**

❷. Email您的匯款日期及其他相關資料（包含姓名、職業等）至jack@mail.book4u.com.tw。**待審核通過後，將專函通知課程地點及後續服務。**

凡報名者，皆可獲得**11**項總價值超過**3**萬元超值好禮：

1. 魚池矩陣直效聯盟VVIP
2. 資訊產品創造藍圖
3. 自動財富系統 6片DVD

獨家贈品，保證學會後可為您持續帶來鉅額財富。

4. 新絲路網路書店（www.silkbook.com）紅利點數10,000點（價值10,000元）
5. 《一毛不花，成為Google、Yahoo!搜尋雙冠王》
6. 《股市祖師爺合法投機秘笈》　　　　7. 《說故事的行銷力量》
8. 《非常手腕＋策略對決＝商場勝出學》　9. 《集客力，從對的行銷開始》
10. 《用聽的學行銷》32CDs完整版　　　11. 《王道成功3.0》（附2CD）

★課程滿意保證機制

享有兩天課程鑑賞期，在第三天課程開始前取消報名，並退回已領贈品，不需任何理由，均可全額退費。

快速致富關鍵解密金鑰匙即將出世！峨嵋絕頂，盍興乎來。

國家圖書館出版品預行編目資料

黑馬飆股煉金密碼 / 黃賢明著. — 修訂初版. —
新 北市：創見文化，2012.12　面；　公分
ISBN　978-986-271-291-7(平裝)

1.股票投資　　2.投資技術　　3.投資分析
563.53　　　　　　　　　　　　101022348

創見文化

黑馬飆股煉金密碼

出 版 者 ▶ 創見文化
作　 者 ▶ 黃賢明
品質總監 ▶ 王寶玲
總 編 輯 ▶ 歐綾纖
文字編輯 ▶ 蔡靜怡　　　　　　　　　美術設計 ▶ 蔡瑪麗

郵撥帳號 ▶50017206 采舍國際有限公司（郵撥購買，請另付一成郵資）
台灣出版中心 ▶新北市中和區中山路2段366巷10號10樓
電　　話 ▶（02）2248-7896　　　　傳　　真 ▶（02）2248-7758
I S B N ▶978-986-127-291-7
出版日期 ▶2013年最新版

全球華文國際市場總代理 ▶采舍國際
地　　址 ▶新北市中和區中山路2段366巷10號3樓
電　　話 ▶（02）8245-8786　　　　傳　　真 ▶（02）8245-8718

新絲路網路書店
地　　址 ▶新北市中和區中山路2段366巷10號10樓
電　　話 ▶（02）8245-9896
網　　址 ▶www.silkbook.com

線上pbook&ebook總代理 ▶全球華文聯合出版平台
地　　　址 ▶新北市中和區中山路2段366巷10號10樓
主題討論區 ▶www.silkbook.com/bookclub　　●新絲路讀書會
紙本書平台 ▶www.book4u.com.tw　　　　●華文網網路書店
電子書下載 ▶www.book4u.com.tw　　　　●電子書中心(Acrobat Reader)

本書採減碳印製流程並使用優質中性紙（Acid & Alkali Free）最符環保需求。